Daniel Hari · Lieben wie Jesus

Daniel Hari

Lieben wie Jesus

Einführung ins Christozentrische Leben

Verlag Urs-Heinz Naegeli, CH-7220 Schiers

1. Auflage Oktober 2005

www.uhn.ch

ISBN 3-907104-10-2

Bearbeitung, Ghostwriting und Redaktion: Urs-Heinz Naegeli, CH-Schiers
Korrektorat: Andreas Müller, CH-Aeugst am Albis
Umschlaggestaltung: Stefan Frei, Atelier A4, CH-Rotkreuz
Gesamtherstellung und Vertrieb Schweiz:
Jordi AG – das Medienhaus, CH-3123 Belp – www.jordibelp.ch
Vertriebspartner Deutschland und Österreich:
Asaph AG, D-58478 Lüdenscheid – www.asaph.net

Inhaltsverzeichnis

1. Vorwort **7**

2. Einem Geheimnis auf der Spur **9**

3. Liebe – was ist das eigentlich? **11**

4. Unsere Sehnsucht nach Liebe **25**

5. Der leidenschaftlich liebende Jesus **43**

Von der Hölle in uns zur Erneuerung des menschlichen Herzens 51

Interessante Beweise rund um Nahtoderfahrungen 56

6. Wie ist es möglich, Gott zu lieben? **81**

Das neue Leben 87

7. Die Charaktereigenschaften echter Liebe **89**

8. Start in eine neue Bewegung **133**

Wie können wir diese Liebe voll in Empfang nehmen? 136

Vorwort

Schon als Kind hatte ich das Vorrecht, zu erleben, was «Lieben wie Jesus» im praktischen Alltag bedeutet. Darin waren und sind mir meine Eltern Peter und Hildi Hari ein großes Vorbild. Herzlichen Dank! Ihr habt mir zuerst gezeigt, dass Jesus Christus heute wirklich noch lebt und dass er mich persönlich liebt und einen wunderbaren Plan mit meinem Leben hat. An euch durfte ich sehen, was es heißt, die Liebe von Jesus Christus auch Menschen weiterzugeben, die von anderen ungeliebt sind, weniger attraktiv erscheinen oder gar nicht beachtet werden. Ihr glaubt an die einfachen Menschen und seid selber auch einfach und bescheiden geblieben. Und dies trotz eurer «Karriere», die euch kurz vor dem Ruhestand noch in höhere Leitungsaufgaben in der Heilsarmee Schweiz führte.

Dir, meine liebe Frau Cornelia, möchte ich danken, dass du mich auch trotz meiner Fehler und Schwächen liebst und treu zu mir stehst und an unser jetziges Leben und unsere Zukunft glaubst. Ich staune, wie gut du mit unseren vier sehr lebendigen Kindern alles auf die Reihe kriegst. Du bist für mich persönlich die beste aller Ehefrauen. Du hilfst mir, mich selber immer wieder kritisch zu hinterfragen. Danke für deine tiefe Liebe und Unbestechlichkeit.

Für die Entstehung dieses Buches und auch der bisherigen Buchprojekte danke ich Urs-Heinz und Helene Naegeli. Es ist mehr als Zusammenarbeit. Danke für eure Freundschaft. Ohne euch wäre es mir nicht möglich gewesen, so prägnant und verständlich auszudrücken, was ich auf dem Herzen habe.

Dank dem Omegalive-Team war es möglich, besonders in letzter Zeit auf die vielen Anfragen von Hilfesuchenden einzugehen. Von euch sind ein paar sehr treffende Beispiele in dieses Buch eingeflossen.

Ein besonderer Dank geht an Helen Hügli. Deine Hingabe und Begeisterung, wie du alles koordinierst, organisierst und delegierst, sind ansteckend und für uns alle sehr ermutigend.

«Lieben wie Jesus» ist mehr als ein Buchprojekt. Es ist ein herausfordernder Lebensstil, der uns alles abverlangt, aber auch alles schenkt.

Adligenswil (Schweiz), im Oktober 2005

Pfarrer Daniel Hari

Einem Geheimnis auf der Spur

Seit dem Erscheinen meines ersten Buches «Heilen wie Jesus» (siehe Werbeseiten am Ende des Buches) durften zahlreiche Leser einige ganz besondere Erfahrungen machen. Eine deutsche Frau in mittleren Jahren meinte: «Ich habe beim Lesen Ihrer Zeilen so richtig Feuer gefangen und möchte gerne noch mehr über Heilerfolge durch Jesus Christus lernen.» Eine Reiki-Meisterin bestätigte: «Ich habe Ihre Angaben getestet und muss bestätigen, dass die Kraft des Christozentrischen Heilens zehnmal stärker ist als alles, was ich bis dahin erlebt habe.» – «An Ihren Kursen stellte ich immer wieder sehr hohe Schwingungen fest», meinte eine Seminarteilnehmerin. «Was mich aber persönlich überzeugt hat, das waren vor allem die liebevolle Ausstrahlung, die Atmosphäre und die offene Gemeinschaft unter den Teilnehmenden.»

Oftmals fragen mich die Leute: «Was ist eigentlich das Geheimnis Ihrer Heilerfolge?» Ein Mann sagte mir seinerzeit: «Wissen Sie, eigentlich würde ich den Mitmenschen auch gerne in dieser Weise dienen, doch bis dahin gelang mir dies nur in ganz seltenen Fällen. Was muss ich tun, um regelmäßig und anhaltend Erfolg zu haben?» Unmittelbar nach dieser Frage steuerte eine Frau auf uns zu und meinte: «Ihre Ausführungen waren ja echt super! Aber sagen Sie mal, wie setzen Sie jeweils diese kraftvollen Schwingungen ein?»

Alle diese vielen Fragen haben dazu geführt, dass ich mich dafür entschied, ein weiteres Buch zu schreiben. Ich freue mich deshalb, Sie in die Geheimnisse des Christozentrischen Lebens einführen zu dürfen. Dabei werden Sie nicht nur lesen und erfahren, was echte Liebe ist; Sie werden diese vielmehr anschließend auch wirksam und effizient Ihren Mitmenschen weitergeben können.

Liebe – was ist das eigentlich?

Es gibt kaum ein Thema, über das so viel gesprochen, geschrieben und gesungen wurde. Die Liebe ist in aller Munde. Der bekannte russische Maler und Grafiker Marc Chagall sagte: «Alles ist möglich, wenn es auf Liebe gegründet ist.»[1] Die 1994 verstorbene deutsch-schweizerische Schauspielerin Agnes Fink wiederum meinte: «Liebe ohne Eifersucht ist wie Gulasch ohne Paprika», und ihr Leinwandkollege Jack Nicholson ergänzte: «Dass man Liebe nicht mit Geld kaufen kann, glaubt man erst, wenn man genug Geld hat.»

Was ist Liebe wirklich? Sollte sie nur «so ein Problem sein, das Marx auch nicht gelöst hat», wie der französische Dramatiker Jean Anouilh seinerzeit sagte? Oder ist Liebe nur «der Triumph der Phantasie über die Intelligenz» (Henry Louis Mencken)?

Was aber ist echte Liebe? Als evangelischer Pfarrer hat mich diese Frage in den vergangenen Jahren oft

[1] Sämtliche Zitate dieses Buches, die nicht mit Quellenangaben versehen sind, wurden der privaten Zitatensammlung von Urs-Heinz Naegeli (Ghostwriter), CH-7220 Schiers, entnommen.

beschäftigt. Wie können wir Menschen göttliche Liebe empfangen und an andere weitergeben, so dass deren Leben effizient verändert wird? Und was ist eigentlich die Liebe von Jesus? Erfährt man diese nur dann, wenn man alle Zehn Gebote befolgt? Inwiefern müssen wir Menschen Leistungen erbringen, damit Gott uns wirklich liebt? Gibt es gewisse Bedingungen, die erfüllt werden müssen, damit unser Leben effektiv sein kann? Wird uns der Erfolg «einfach so» geschenkt? Oder hatte der vor einigen Jahrzehnten bekannte Sänger Freddy Quinn recht, als er sagte, dass «nichts so alt ist wie der Erfolg von gestern»?

Kürzlich meinte eine Seminarteilnehmerin: «Sie haben in Ihrem Buch ‚Heilen wie Jesus' viel über die göttliche Liebe geschrieben. Ich möchte diese noch tiefer erfahren.» Eine andere Person, die gerade mithörte, unterstützte diesen Gedanken, stellte aber gleichzeitig die Frage: «Hat göttliche Liebe immer etwas mit Krankenheilungen zu tun?» Wenige Tage später kam ein kritischer Mann auf mich zu: «Sie sagen doch, dass Jesus die Liebe in Person ist.» Auf meine Bejahung meinte er: «Wie kann aber eine liebende Person voller Zorn im heiligen Tempel von Jerusalem die Tische umstoßen, Geld, Gemüse und andere Dinge auf den Boden werfen und dabei noch behaupten, dass dies alles aus Liebe geschieht? Sorry, Herr Hari, aber da geht bei mir die Rechnung nicht mehr auf.»

In diesem Buch geht es nicht zuletzt um die Frage, welches Liebesverständnis Jesus prägte. Hat er beispielsweise die damaligen Gelehrten, die Pharisäer, gehasst oder hat er sie auch geliebt? Er wies sie öffentlich zurecht, bezeichnete sie oft als Heuchler und ermahnte sie, endlich umzukehren. Sollte ein derartiges Verhalten ein Ausdruck von Liebe sein? Andererseits lesen wir in der Bibel auch von einem Jesus, der sich für Leprakranke, für korrupte Gauner, für Prostituierte und ganz allgemein für Gestrandete einsetzte. Wir lesen in den Evangelien von einem Mann, der kein Materialist, geschweige denn ein Halsabschneider war. Sein Leben war geprägt von einer Selbstlosigkeit, die bis zum heutigen Tag ihresgleichen auf dieser Erde sucht.

Inzwischen haben viele davon geträumt, ähnlich wie Jesus sein zu können. Er wurde oft kopiert, aber nie erreicht. Vielleicht haben auch Sie schon davon geträumt, Ihre Mitmenschen mit viel Liebe beschenken zu können. «Oftmals gibt es bei mir Zeiten, wo ich die ganze Welt umarmen könnte», sagte mir unlängst eine Frau. «Aber eben – wenige Stunden später sind diese angenehmen Gefühle wieder wie weggeblasen. Ich möchte ja so gerne ständig von dieser göttlichen Liebe erfüllt sein, aber ich weiß nicht, wie ich diese behalten kann. Können Sie mir weiterhelfen?» Sie zuckt mit den Schultern und schaut mich hilflos und fragend an.

Kennen Sie derartige Situationen auch? Sie möchten zwar gut sein, aber das Gutsein an und für sich wird zum Problem, und Sie schaffen es längerfristig einfach nicht. Alle Ihre positiven Vorsätze halten nicht länger als die

Dinge, die Sie sich am Neujahr vorgenommen haben. Sie versuchen zwar immer wieder neu, am Guten festzuhalten, ernten jedoch oftmals das pure Gegenteil. Ganz ähnlich ging es seinerzeit einem Mann, über den die heutige Kirche sehr viel Gutes zu berichten hat. Der Apostel Paulus war zwar früher ein Verfolger der ersten Christen, durfte dann aber erleben, wie Jesus Christus ihm am helllichten Tag erschien, ihn persönlich ansprach und ihm einen neuen Auftrag erteilte. Eigentlich wäre dies ja eine völlig ideale Erfolgsstory gewesen, wenn da nicht noch ein besonderes Problem vorgelegen hätte. Paulus schaffte es nämlich nicht, aus eigener Kraft ein guter Mensch zu sein. Frustriert musste er feststellen: «Ich mache immer wieder dieselbe Erfahrung: Das Gute will ich tun, aber tue das Böse. Ich wünsche mir nichts sehnlicher, als Gottes Gesetz zu erfüllen. Dennoch handle ich nach einem anderen Gesetz, das in mir wohnt» (Römerbrief, Kapitel 7, Verse 21 bis 23 und 25). Paulus stellte fest, dass es bei ihm einen Widerspruch zwischen der Theorie und der Praxis gab. Er wollte zwar die göttliche Liebe praktisch weitergeben, konnte dies aber nicht tun. «Ich unglückseliger Mensch!», sagte er über sich selbst. «Wer wird mich jemals aus dieser Gefangenschaft befreien?» – Ebenfalls in Ketten gefangen kam sich Howard[2] vor. Seine Geschichte ist für mich sehr ermutigend.

---

2 Name geändert.

Beispiel 1

Eine Wahrsagerin aus Berlin machte Howard klar, dass es seiner Berufung entspreche, kranke Menschen zu heilen. Als er in einer Esoterikzeitschrift von einer Seminarwoche erfuhr, meldete er sich sogleich an. Ich erinnere mich noch bestens an Howard. Bereits im ersten Gespräch fiel mir seine stockende Sprechweise auf. Aber auch Hass war ihm deutlich ins Gesicht geschrieben. Dazu hatte er auch allen Grund. Er hasste den Mann, dessen kriminelle Tat ihm fälschlicherweise angelastet wurde. Dennoch war Howard vom Seminar anfänglich eher enttäuscht. «Wann kommen wir endlich zur Sache? Ich bin doch in die Schweiz gereist, um das Heilen zu lernen.»

Während dieser Seminarwoche hörte Howard zum ersten Mal in seinem Leben, dass man auch von zerstörerischem Hass befreit werden kann. Es bewegte ihn zutiefst, als ich sagte, dass Jesus Christus aus Liebe zu ihm sein Leben aufs Spiel gesetzt und dabei verloren hatte, um ihn retten zu können. Howard begann mit sich selbst zu kämpfen. Doch schließlich rang er sich durch, alles von diesem Jesus zu erwarten. Und siehe da: er wurde innerlich plötzlich ganz ruhig und gelassen. Und auch dieser jahrelange Hass war auf einmal wie weggeblasen. Howard war in seiner Psyche geheilt worden. Wenn er uns etwas erzählte, sprudelte es nur so aus ihm heraus. Er redete ganz fließend, und sein Gesicht strahlte vor Freude.

Die treibende Kraft hinter diesem Erlebnis ist die Liebe. Letztlich hat auch Paulus dies begriffen und erlebt. Das wirklich tragende Fundament seines Lebens war seine persönliche Beziehung zu Gott. «Wer Gott liebt, dem dient alles, aber auch wirklich alles zu seinem Heil», stellte er fest (Römerbrief, Kapitel 8, Vers 28).

Echte Liebe kann sehr vieles verändern. Eberhard,[3] ein ehemaliger Fremdenlegionär, hat da eine ganz besondere Geschichte erlebt.

Beispiel 2

Eines Tages erhielt ich von der Heilsarmee in Schaffhausen eine Einladung. Ich sollte dort über «erstaunliche Erfahrungen mit dem Höheren Bewusstsein» sprechen. Die Leute hörten während der ersten Minuten angeregt zu. Doch was war das? In der hintersten Reihe brummelte jemand missmutig vor sich hin. Als Redner stand ich unter dem Eindruck, als würde der dort sitzende Mann meinen Vortrag auf nicht besonders verständliche Weise kommentieren. Ich blickte

[3] Name geändert.

genauer hin. Und dann erkannte ich ihn. Es war Eberhard, ein sehr muskulöser Mann in mittleren Jahren mit einem verlebten Gesichtsausdruck, der ganz offensichtlich Zuflucht in der Heilsarmee suchte. Der dortige Leiter, ein Mann mit sehr aufrichtigem und offenem Herzen für Randständige und Gestrandete, meinte bereits im Vorfeld: «Wenn dieser Mann bei uns auftauchen sollte, dann wird auf dich möglicherweise eine etwas ungewohnte Herausforderung zukommen.» – Eberhard rülpste noch immer unverständliche Laute vor sich hin und griff dabei einmal mehr zu seiner mit Wein gefüllten Flasche, die er an seine Lippen führte.

Ich wusste, dass ich nun etwas zu unternehmen hatte. Dank dem tragbaren Mikrophon konnte ich mich jederzeit frei im Vortragssaal bewegen. Somit steuerte ich auf ihn zu und fragte ihn: «Sag mal, Eberhard, glaubst du, dass Gott dich liebt?» – «Wahrscheinlich schon», meinte er ganz spontan, «denn sonst wäre ich gar nicht mehr am Leben, und man würde mich heute und hier auch nicht mehr sehen.»

Seine Reaktion erstaunte mich sehr. Das war doch eine recht konkrete Antwort anstelle des von mir erwarteten Glucksens. Ich wusste anhand gewisser Vorinformationen bereits, dass er ein Alkoholiker und Vietnamveteran war, der schreckliche Dinge erlebt hatte. Deshalb machte ich mir so mein eigenes Bild von ihm. Mit Bestimmtheit konnte Eberhard in der jetzigen Verfassung keinen vernünftigen Gedanken fassen. So dachte ich jedenfalls. Wie schnell sind wir Menschen doch bereit, aufgrund gewisser Aussagen, die man uns gegenüber macht, einen Menschen in eine bestimmte Kategorie einzustufen.

Wie verkehrt ich mit meinen Vermutungen lag, erfuhr ich erst nach Beendigung meines Vortrages. Als der dortige Heilsarmee-Verantwortliche und ich ihn im Anschluss an mein Referat in seinem Zimmer aufsuchten, begann er freimütig zu erzählen: «Ich hatte damals, als ich mich bei der französischen Fremdenlegion meldete, den Auftrag erhalten, in Angola einen bestimmten Mann umzubringen. Man zeigte mir eine Fotografie von ihm, die ich mir einprägen musste. Schließlich machte ich mich als Killer auf den Weg. Als ich den Typen gelyncht hatte, kam schon der nächste Auftrag.»

Wir waren schockiert und bewegt zugleich, wie freimütig Eberhard uns aus seinem Leben erzählte. «Da ich offensichtlich ein knallharter Typ war, stand mir eine Beförderung bevor. Ich durfte in den nächsten Jahren in Vietnam siebzig Männer kommandieren. Ganze fünfzig von ihnen starben während dieser Zeit, und nur zwanzig überlebten. Hey Mann, es war echte Scheiße!», meinte er nun ziemlich aufgebracht. «Ich habe sogar unschuldige Frauen und Kinder erschossen! Könnt ihr euch vorstellen, wie man sich dabei fühlt? Was habt ihr überhaupt für eine Ahnung, was das Leben wirklich bedeutet! Ihr wisst ja gar nicht, in was für eine Scheiße ein Mann geraten kann.»

Eberhard ließ nun so richtig die Sau raus und sprach sich alles von der Seele. «Ich weiß echt nicht, Mann, wozu so ein verschissenes Leben überhaupt gut sein sollte.» Dann griff er wieder einmal zu seiner Flasche und trank einen kräftigen Schluck.

Was würden Sie einem Mann in einer solchen Situation sagen? Können wir Menschen, die wir im warmen Wohnzimmer auf dem bequemen Sofa sitzend unsere Literatur konsumieren, uns überhaupt vorstellen, was ein derartiges Leben zu bedeuten hat? Mit wie viel Lieblosigkeit wurde dieser Mann zu seinen Lebzeiten doch konfrontiert! Er hatte nicht nur selber grausame Dinge getan; er war auch einer, der anderen unschuldigen Menschen enormen Schaden zugefügt hatte. Da half es auch nichts mehr, wenn er nun versuchte, sein kaputtes Leben im Alkohol zu ertränken.

Mein Kollege und ich saßen einfach mal da und hörten zu. Das war in diesem Augenblick wohl das Klügste, was wir tun konnten. Manchmal brauchen Menschen einfach jemanden, der ihnen mal zuhört. Auch dies ist eine Form von Liebe. In einer Zeit wie der unsrigen gibt es jedoch nur wenige Leute, die dies tun. Auch Eberhard bekam dies immer wieder zu spüren. Wo waren denn die Menschen, die ihn ernst nahmen?

Schließlich kam dann aber doch der Zeitpunkt, wo auch ich noch etwas sagen durfte. «Eberhard, auch wenn du jetzt denken solltest, dass wir kein Verständnis für dich haben, so möchte ich dir dennoch eines sagen: Es gibt jemanden, der dich versteht und der um all das weiß, was du erleben musstest. Er kennt deine tiefsten Gefühle.» – «Und wer sollte dies sein?», wollte er nun von uns wissen. «Es ist eine Person, die unschuldigerweise wie ein Schwerverbrecher mit dem Tod bestraft worden ist; es ist ein Mann, von dem du schon gehört hast und der dich persönlich kennt.»

Eberhard hörte interessiert zu, als wir ihm Folgendes erklärten: «Jesus Christus ist diese Person. Sicher hast du schon – vielleicht als Kind im Religionsunterricht – davon gehört, dass Jesus am Kreuz für unsere Sünden sterben musste. Wir möchten dir deshalb Folgendes sagen: Er ist gerne bereit, dir alle Schuld, die in deinem Leben vorgefallen ist, zu vergeben.» – «Und ihr meint wirklich, dass es für mich noch Hoffnung gibt, aus dem ganzen Dreck herauszukommen?» In Eberhards Augen tauchte plötzlich ein winziger Funke an neuer Zuversicht auf. Gleichzeitig griff er wieder zur Flasche und meinte plötzlich: «Hey, das wäre ja echt Spitze, wenn dies, was ihr mir da erzählt, wahr wäre ... Ich kann es kaum glauben, Leute ... Sollte es für einen derart schlimmen Mann wie mich wirklich noch eine Chance geben?»

Er lehnte sich in seinem Stuhl zurück, legte die Flasche auf die Seite, und dann passierte plötzlich etwas, mit dem weder mein Kollege noch ich gerechnet hatten. Eberhard, dieses enorme Muskel- und Kraftpaket, klappte buchstäblich zusammen und begann wie ein Schlosshund zu heulen. Er begann uns anzuflehen: «Bitte helft mir! Ich spüre, dass ihr die Wahrheit sagt, und ich möchte so gerne mit Gott ins Reine kommen! Bitte sagt mir, was ich jetzt tun soll!»

In diesem Augenblick war im Raum so richtig die Liebe Gottes spürbar anwesend. Jegliche Form von Hoffnungslosigkeit, von Bitterkeit und Resignation schien wie weggeblasen. Nicht nur Eberhard, auch mein Kollege spürte, dass da etwas ganz Gewaltiges abging. Diese Veränderung trieb auch uns die Tränen in die Augen. Wir konnten nicht mehr anders, als diesen nach Alkohol und Schweiß riechenden Mann, dessen Körper größtenteils mit Satansfratzen und dämonischen Symbolen tätowiert war, zu umarmen. Was spielte es angesichts dieser enormen göttlichen Liebesausgießung, die soeben den ganzen Raum erfüllte, für eine Rolle, wer oder was Eberhard war!

Was ist Liebe wirklich? Es ist das Wissen und die Erfahrung, dass wir Menschen, egal, was wir auch Schlimmes getan haben, von mindestens einer Person geliebt werden. Es gibt Millionen von Menschen, die genau diese Erfahrung machen durften. Sie gingen das Wagnis ein, ihr Leben ganz Jesus Christus anzuvertrauen. In der Folge durften sie erleben, wie Heilung in ihr Leben einzog und sie sich wie von Neuem geboren fühlten. Von ihnen fielen Lasten ab, die sie jahrelang mit sich herumgeschleppt hatten. Ich konnte mehrmals beobachten, wie sich im Anschluss daran die Gangart einzelner Menschen veränderte. Immer wieder erfahre ich von Menschen, die – kaum haben sie diese enorme Kraft der Liebe Gottes erfahren – plötzlich von Rückenschmerzen sowie von Haltungsschäden geheilt sind. Ich habe dafür nur eine Erklärung: Die Last, die sie während Jahren mit sich herumgetragen haben, ist nun weg!

Wir leben heute in einer Zeit, in der viele Menschen neu erleben dürfen, wie stark die Liebe Gottes Leben verändert. Seit mein erstes Buch «Heilen wie Jesus» auf dem Markt ist, sind zahlreiche positive Reaktionen eingetroffen, die mir klar zeigen, wie sehr die Menschen darauf gewartet haben, endlich ermutigt anstatt angeklagt zu werden. Es ist nun wirklich ein neues Zeitalter angebrochen. Wir leben nun in derjenigen Epoche, in der sich Gott ganz neu dazu aufmacht, verletzte Herzen zu pflegen und zu heilen. «Gottes Liebe zu uns ist für alle sichtbar geworden, als er seinen einzigen Sohn in die Welt sandte, damit wir durch Christus ein neues Leben bekommen», schreibt der Apostel Johannes. «Das Einzigartige an dieser Liebe ist: Nicht wir haben Gott geliebt, sondern er hat uns seine Liebe geschenkt. Er gab uns seinen Sohn, der alle Schuld auf sich nahm, um uns von unserer Schuld freizusprechen» (1. Johannesbrief, Kapitel 4, Verse 9 bis 10).

Zur Vertiefung und Kontemplation

Wann haben Sie zum letzten Mal ganz intensiv die Liebe Gottes gespürt?

Wie sah Ihr bis dahin intensivstes Erlebnis mit Gott aus?

Welche Ihrer Sehnsüchte nach Liebe sind bis heute noch unerfüllt?

Notizen

Empfehlung: Nehmen wir mal an, Sie würden gerade jetzt Jesus Christus gegenübersitzen und könnten ganz persönlich mit ihm über Ihre Sehnsüchte sprechen – was würden Sie ihm sagen? (Versuchen Sie bitte gerade *jetzt,* ihm Ihre diesbezüglichen Gedanken zu sagen, und rechnen Sie innerlich damit, dass er Sie auf alle Fälle hört!)

Unsere Sehnsucht nach Liebe

«Alles beginnt mit der Sehnsucht.» Diese Aussage der jüdischen Schriftstellerin Nelly Sachs ist weltbekannt und schon oft zitiert worden. Sämtliche Träume, die unsere Herzen bewegen, gründen auf einer tiefen inneren Sehnsucht. Wir alle sehnen uns da und dort nach etwas. Egal, ob es sich um zwischenmenschliche Liebe, den weltweiten Frieden oder um die Erfüllung irgendeines Traumes handelt: Sehnsucht steckt in uns allen. Gleichzeitig ist es aber auch eine Tatsache, dass wir oft darunter leiden, dass viele unserer Sehnsüchte, die wir hegen, nie gestillt werden. Daran hat sich bis zum heutigen Tag nur wenig geändert. Der bekannte Kirchenvater Augustinus sagte: «Unser Herz ist ruhelos, bis es Ruhe findet in dir, oh Herr.»

Beispiel 3

Es geschah in der Nähe von Basel. Ich nahm dort an einem Männergesprächskreis teil und fragte die Anwesenden: «Wann wurden die vier Buchstaben des Wortes G-O-T-T für euch mehr als nur ein gewöhnliches Wort?» Dann forderte ich sie auf, zu erzählen, welche Erlebnisse sie mit Gott gemacht hatten. Die Antworten sprudelten nur so heraus. Einer sagte: «Ich befand mich mitten in den Bergen und stand ganz oben auf einem Grat auf meinen Skiern. Die Sonne ging gerade unter und tauchte die ganze Gebirgswelt in ein feurig rotes Leuchten. Ich war völlig überwältigt von diesem Anblick, und mir wurde in diesem Augenblick klar: Eine dermaßen schöne Schöpfung wie diejenige, die sich hier gerade vor mir ausbreitete, kann kein Zufall sein. Dahinter muss eine höhere Intelligenz stecken.» Ein anderer meinte: «Ich fühlte Gott ganz nah bei mir, als ich vor wenigen Wochen meinen kleinen Sohn zum ersten Mal auf meinen Händen hielt. Diese kleinen Fingerchen, die niedlichen Füßchen, die Augen, die Ohren und das winzige Näschen – es war einfach alles völlig perfekt. Während mein Junge auf meinen Armen friedlich schlief und ich ihn betrachtete, da hatte ich wie eine Art Offenbarung von Gott. Ich konnte nicht mehr anders, als ihm für dieses kleine in Windeln eingepackte Geschenk zu danken.»

Selten habe ich erlebt, wie Männer auf so emotionale Weise über ihre Gefühle sprachen. Jeder wollte etwas zum Thema sagen. So auch Simon. Er gehörte einem Fußballklub an. Nach den jeweiligen Trainings war es dort üblich, sich in der

> Kneipe einen zu genehmigen. «Immer häufiger trank ich über den Durst», erzählte er mir. «Und schon bald war ich Alkoholiker.» Jahrelang zog sich diese Sache hin und Simon wurde schließlich süchtig. In unserer Männerrunde hatte er uns jedoch etwas ganz Besonderes mitzuteilen: «Der Tag kam, an dem ich erkannte, dass nicht ich den Alkohol, sondern vielmehr dieser mich im Griff hatte. Mir wurden so richtig die Augen geöffnet, und ich konnte nur noch zu Gott schreien. Heute darf ich euch sagen: Gott hat mein Gebet erhört. Seit diesem Gebet bin ich völlig frei! Ich bin nicht mehr abhängig!» – Simon strahlte so richtig, als er uns seine Geschichte erzählte. «Das war mein tiefstes Erlebnis mit Gott.»

So ging es noch lange weiter. Jeder der Anwesenden erinnerte sich an die eine oder andere Gotteserfahrung. Sehr viele machten ihre Erlebnisse mit Gott in der Natur. Diejenigen unter ihnen, die Väter waren, bestätigten zudem allesamt, wie eindrücklich sie die Geburt eines Kindes erlebten. Es war so richtig eine glaubensstarke Erfahrung für sie gewesen, die sie etwas von der Größe Gottes erahnen ließ. Dabei erfuhren alle eine tiefe göttliche Liebe, Annahme, Geborgenheit und Freude.

Die Frage stellt sich nun, inwiefern einige wenige derartige Beispiele im Leben genügen, um unsere wirklichen Sehnsüchte nach Gott zu befriedigen. Viele Menschen springen oftmals von Erfahrung zu Erfahrung, von Erlebnis zu Erlebnis. Sie suchen dabei das bleibende Glücksgefühl, das nicht nur wenige Stunden oder Tage anhält, sondern ihr Leben im vollen Umfang verändert. Zu ihnen gehört auch Katrin, die im Folgenden mit prägnanten Worten ihren damaligen Seelenzustand umschreibt.

Beispiel 4

«Mein Gefühlsleben machte einen Quantensprung, als ich mit achtundzwanzig Jahren, nachdem ich bereits drei Kinder geboren hatte, bei einer Atemübung in einem Seminar bei einem Jünger von Guru Osho meinen ersten Orgasmus erlebte», berichtet sie. «Gewaltige Energien brausten durch meinen Körper, ein nie gekanntes Glücksgefühl durchströmte mich. Ich entschied mich, anstatt wie bisher ein ausschließlich auf meinen Verstand orientiertes und entsprechend kontrolliertes Leben vielmehr ein solches zu führen, bei dem die Hingabe an die Lust das Zentrum war.

Enthemmt mit Hilfe von Marihuana, später auch Ecstasy und Pilzen, wurde ich im sexuellen Akt in nie gekannte Höhen erhoben. Mein Herz öffnete sich und strömte über in Gefühlen für meinen Partner; ich ließ mich von den Wogen in den Himmel und manchmal auch in tief liegenden Schmerz hineinreißen, den ich aber geschickt immer in Lust verwandelte.

Ich erlebte universelles Einssein, Verschmelzung, wild tobende Wellen und Momente zerbrechlichster Zärtlichkeit. Aus der Erfahrung dieser überströmenden Gefühle, die ich damals Liebe nannte, entstand – genährt von entsprechender Literatur – die Idee, dass ich dieses Erleben mit möglichst vielen Männern teilen, sie mit dieser Erfahrung von höchsten Glücksgefühlen bewegen, beschenken, ja sogar heilen möchte. Und ebenso wollte ich meinen Partner als Befriedigung bringenden Liebhaber in einem Akt der Nächstenliebe allen Frauen, die sich das wünschten, zur Verfügung stellen.

Die Nüchternheit, die den meist nächtlichen Höhenflügen mit schmerzlicher Härte folgte, peinigte mich immer mehr. Ich fühlte mich getrennt von meinem Liebsten, vom Universum des Glücks und von meinen großartigen Visionen. Ich stellte an mich selber den Anspruch, dieses Glücksgefühl auch im nüchternen Zustand erleben und halten zu können, klagte mich jedoch selber an, wenn ich darin immer wieder versagte. Aufkeimende Eifersucht würgte ich systematisch in einem mentalen Kraftakt mit der Lehre der so genannten freien Liebe ab. Ich brauchte ständig stärkere Reize, um zum Höhenflug abheben zu können. Meine Hingabe wandelte sich dabei immer öfter auch in fordernde Dominanz. Bei aller Freiheit, die ich meinem Partner lassen wollte, erhob ich dennoch den Anspruch, ihn als verlässlichen Mann im Alltag mit der Familie an meiner Seite zu wissen.

Dann kam der Tag, an dem mein Körper nicht mehr mitmachte und in einem heftigen Nesselfieber entbrannte. Ich ließ das aufgestaute Gefühl rasender Eifersucht endlich zu. Die Obsession, die ich vorher noch Liebe genannt hatte, schlug um in Gewalt. Die Überzeugungen, an die ich glaubte, fielen wie Kartenhäuser in sich zusammen. Statt Lehre war in mir jetzt nur noch die furchtbare Leere, ein Gefühl, als ob ein Waldbrand sämtliches Leben ausgelöscht hätte.»

Unterdessen durfte Katrin eine ganz andere Erfahrung machen, die sie nicht missen möchte. «Dank Jesus Christus lernte ich inzwischen eine Liebe kennen, die an Sanftheit und Stärke alles übertrifft. Immer mehr darf ich lernen, mich von ihm beschenken zu lassen, einzutauchen in das Gefühl der bedingungslosen Annahme. In meiner Seele darf ich bei Jesus geborgen sein wie ein Kind und gleichzeitig erleben, dass Keuschheit ein wunderbares Geschenk ist, das mein Herz vor Übergriffen und Ausbeutung schützt.»

Obwohl Katrin damals voller Sehnsucht nach Liebe verlangte, erntete sie letztlich nur Lieblosigkeit und Ablehnung. Ihre wahren Bedürfnisse wurden vorerst nicht gestillt. Mich erinnert das Ganze an eine Geschichte aus der Zeit Jesu. Damals wurde eine Ehebrecherin, eine ebenso liebeshungrige Frau, auf frischer Tat ertappt. Gemäß dem damaligen jüdischen Gesetz hätte sie gesteinigt werden müssen. Doch letztlich lief alles ganz anders ab. In ganz überraschender Weise durfte auch sie die Liebe von Jesus erfahren. Hier ist der biblische Bericht über eine spezielle Begebenheit mit besonderem Ausgang.

Eines Morgens ging Jesus früh in den Tempel. Alle Leute dort versammelten sich um ihn. Er setzte sich und begann, zu ihnen zu sprechen. Da führten die Gesetzeslehrer und Pharisäer eine Frau herbei, die beim Ehebruch ertappt worden war. Sie stellten sie so, dass sie von allen gesehen wurde. Dann sagten sie zu Jesus: «Diese Frau wurde ertappt, als sie gerade Ehebruch beging. In unserem Gesetz schreibt Mose vor, dass eine solche Frau gesteinigt werden muss. Was sagst du dazu?»

Mit dieser Frage wollten sie ihm eine Falle stellen, um ihn anklagen zu können. Aber Jesus bückte sich nur und schrieb mit dem Finger auf die Erde. Als sie nicht aufhörten zu fragen, richtete Jesus sich auf und sagte zu ihnen: «Wer von euch noch nie gesündigt hat, der soll den ersten Stein auf sie werfen.» Dann bückte er sich wieder und schrieb auf die Erde. Als sie das hörten, zog sich einer nach dem anderen zurück; die Älteren gingen zuerst. Zuletzt war Jesus allein mit der Frau, die immer noch dort stand.

Er richtete sich wieder auf und fragte sie: «Wo sind sie geblieben? Ist keiner mehr da, um dich zu verurteilen?» – «Keiner, Herr», antwortete sie. «Gut», sagte Jesus, «ich will dich auch nicht verurteilen. Du kannst gehen; aber tu es nicht wieder!» (Johannes 8,1–11).

Mich begeistert diese Geschichte immer wieder von Neuem. Es ist faszinierend zu sehen, wie Jesus hier den angeblich Gerechtigkeit liebenden Theologen einen Strich durch ihre Rechnung macht. Vordergründig macht es den Anschein, als würden diese gesetzestreuen Menschen für Recht und Ordnung einstehen. Gemäß den damaligen Regeln der alttestamentlichen Justiz mussten Ehebrecher sterben. Doch werden Probleme wirklich dadurch gelöst, dass man gewisse Leute einfach «beseitigt»?

Die Lehre und das Verhalten von Jesus standen im krassen Widerspruch zur damaligen religiösen Justiz. Mich begeistert in diesem Zusammenhang auch, wie er mit der Ehebrecherin umging. Er erwähnte einerseits, dass sie die bisherigen Handlungen nicht mehr tun soll; andererseits gehörte er nicht zur Schar der frommen Gesetzeslehrer, die ihren Tod forderten. Aber nicht nur das. Auch die frommen Lehrer erhielten von ihm eine zwar sehr direkte, letztlich aber doch äußerst liebevoll gemeinte Lektion erteilt. «Wer von euch noch nie gesündigt hat, der soll den ersten Stein auf sie werfen. Der hat das Recht, die Strafe zu vollziehen.» Mit dieser Aussage zeigte Jesus auf, dass sie gar nicht beabsichtigten, aus einem liebenden Herzen heraus ihre Taten zu vollbringen. Vielmehr war es so, dass ihr falscher Eifer für die angebliche Gerechtigkeit sie blind machte für die Realität der göttlichen Liebe. Jesus liebte die Menschen. Vor allem die Schwachen. Sein Umgang mit dieser Frau, die sich tatsächlich schuldig gemacht hatte, war einfach genial.

Sehnsucht nach Liebe hatte auch Marcel Pütter. Auch er durfte die Liebe Gottes in besonderer Weise erfahren. Doch für ihn kam vieles unerwartet.

Beispiel 5

Er war schon als Junge sehr sensibel, unsicher und eher ängstlich. Ein sehr feinfühliger Typ war und ist er, der Marcel. Doch dieser Tatsache konnte und wollte er sich jahrelang nicht stellen. Denn die «Sensibelchen» waren ganz allgemein nicht beliebt. Besonders dann nicht, wenn es sich um Knaben handelte, von denen man eher Härte, Disziplin und ein entsprechendes Durchsetzungsvermögen erwartete. Jungs mit Emotionen und einem Hang zu verträumter Romantik hatten in dem Umfeld, wo Marcel aufwuchs, nur wenig Chancen. Somit lernte er schon in frühen Jahren, seine wahren Gefühle zu unterdrücken, um wenigstens einige wenige Kollegen behalten zu können, die er so dringend brauchte.

Der Zwiespalt innerhalb seiner Gefühlswelt nahm dennoch von Tag zu Tag zu. Wie gerne hätte Marcel wenigstens einen einzigen Freund gehabt, um alle seine Gefühle mit diesem teilen zu können. Es wäre eine sehr große Erleichterung gewesen, wenn er all das, was ihn zutiefst beschäftigte, wenigstens einmal hätte aussprechen können. Doch da war wie eine Barriere der Angst, die ihn daran hinderte. Die Befürchtung, als Schwächling oder gar als Versager zu gelten, ließ diesen innersten Wunsch gleich wieder erblassen.

Inzwischen war Marcel zwölf. Die Phase der Pubertät begann, und der sensible Junge wurde auf ganz neue Weise mit Eindrücken und Sinnesempfindungen konfrontiert, die er nicht einzuordnen vermochte. Der bis dahin so liebenswürdige Knabe begann nun in zunehmendem Maße sich gegen seine Mutter zu wehren und mit ihr zu streiten. «Vielleicht wollte ich damit auch nur meiner kleinen Schwester imponieren», erzählte er mir kürzlich. «Meine Mutter und ich hatten nämlich ein sehr gutes Verhältnis.» Hinter dem damaligen pubertären Imponiergehabe von Marcel steckte – wie bei jedem Heranwachsenden – letztlich jedoch nur ein tiefer innerer Schrei nach Liebe, nach echter Annahme. Sensible Leute empfinden diese Tatsache ganz allgemein viel tiefer als die weniger feinfühligen. Doch mit solchen und ähnlichen Erkenntnissen blieb Marcel dennoch allein. Auch in dieser entscheidenden Lebensphase gab es niemanden, der ihn wirklich zu verstehen schien.

Marcel Pütter zählte sechzehn Jahre, als er einen schweren Fahrradunfall erlebte, dessen Folgen ihm buchstäblich ins Antlitz geschrieben standen. «Mit über hundertzwanzig Stichen musste mein Gesicht genäht werden. Mein damaliges Aussehen war alles andere als förderlich für ein gesundes Selbstbewusstsein. Die Mädchen, nach denen ich inzwischen Ausschau hielt, wollten jedenfalls mit so einem entstellten Jungen nichts mehr zu tun haben. Mehr als ein mitleidiges Lächeln war da nicht zu erwarten.»

Einmal mehr versuchte Marcel, sein sensibles Ich zu überspielen, was anfänglich auch recht gut klappte. Die Form, die er dazu wählte, war der Sport. Vor allem Eishockey, aber auch Tennis waren nun angesagt. Solange die Mannschaften, in denen Marcel spielte, gewannen, war die Welt in Ordnung. «Ich war jedoch ein äußerst schlechter Verlierer. Die Art, wie ich dabei meine Gefühle zeigte, wirkte auf andere nicht gerade aufbauend. Ich habe mich aufgrund meines Verhaltens damals oft zum Affen gemacht.»

In Form von sportlichen Aktivitäten konnte Marcel in seinen späteren Teenagerjahren zwar viele Emotionen abreagieren. Den sensiblen Kern, der zutiefst in seiner Seele war, wurde er dennoch nicht los. Inzwischen gesellten sich zu den Sinnfragen des Lebens auch noch Rückenschmerzen, die für die folgenden Jahre seine dauerhaften Begleiter wurden. Da nützte auch alles Schimpfen und Lästern nichts. Die Schmerzen waren immer und überall spürbar: am Arbeitsplatz, im Sport, im Militär, zu Hause …

Was den beruflichen Werdegang von Marcel betraf, so ging er inzwischen knallharten Geschäften nach. Er handelte an der Börse. «Vielleicht nicht gerade der passende Ort für ein Sensibelchen wie mich. Dennoch empfand ich mich als innerlich stark genug, um diesen Job tun zu können.» Marcel hatte zwar «noch ein wenig Schiss», andererseits wusste er inzwischen auch, wie man Gefühle unterdrückte. «Jedenfalls ging plötzlich alles ganz schnell: viel Erfolg, viel Geld … und dann plötzlich der große Börsencrash von 1987, der – nachdem ich nun drei Jahre im Geschäft gewesen war – mich schnell wieder auf den Boden der Realität zurückholte.» Doch der innere Kampf zwischen dem Sensibelchen und dem äußeren harten Kerl ging weiter.

Rückblickend erinnert sich Marcel, dass ihm selbst der christliche Glaube in seiner Kindheit und Jugendzeit keine Antworten auf all die Fragen, die er hatte, zu geben vermochte. «Ich wurde sehr katholisch erzogen und habe auch seit meiner Kindheit jeden Abend gebetet. Ich spürte auch, dass es da außerhalb des für mich Sichtbaren noch etwas Größeres, vielleicht eben Gott, geben musste. Aber die wahre Bedeutung konnte mir nie jemand richtig erklären, weder zu Hause noch im Religionsunterricht und schon gar nicht in der Kirche. Dies hatte zur Folge, dass ich mit etwa fünfundzwanzig Jahren keinen Bock mehr hatte, in die Kirche zu gehen. Für mich bedeuteten diese sonntäglichen Gottesdienstbesuche nur noch ein sinnloses Absitzen. Und ebenso stand ich zunehmend unter dem Eindruck, dass es eher eine traurige Handlung war, wenn man zur Kirche ging. Die Gesichter jedenfalls ließen hundertprozentig darauf schließen.» Marcel traf folglich die Entscheidung, nur noch an Hochzeiten oder Beerdigungen in die Kirche zu gehen. Aber trotz dieser Konsequenz blieben seine innersten Fragen unbeantwortet.

1989 lernte er, der inzwischen «ein richtiger Kotzbrocken» geworden war, im damaligen

Geschäft Manuela, seine heutige Frau, kennen. «Als wir uns näher kamen, merkte ich schnell, dass es mit dem Ein-harter-Kerl-Sein bald einmal fertig war.» Der Tag kam, an dem Marcel seiner Manuela gegenüber seine tiefsten Empfindungen zur Sprache brachte. «Ich fühlte mich wie ein kleines, unbeholfenes Kind. Je mehr ich mich mit Manuela über meine wahre Identität austauschte, umso mehr stellte ich fest, dass ich für diesen Job eigentlich viel zu sensibel war. Überhaupt dienten diese vielen Mauern, die ich in den vergangenen Jahren um mich herum aufgebaut hatte, einzig meinem Selbstschutz.»

Mit der Hilfe von Manuela, die ihm auch in den folgenden Jahren treu zur Seite stand, durfte Marcel erkennen, was für ein dickes Fell er sich da zugelegt hatte. Das Ende der Suche nach dem Sinn des Lebens war dennoch nicht erreicht. So sehr Manuela ihrem Geliebten Marcel da und dort eine wertvolle Hilfe und Stütze war – sie hatte dennoch auch ihre Fragen rund um den Lebenssinn. So waren sie jetzt zu zweit auf der Suche.

Manuela kündigte im Juni 2000 ihren Job und räumte sich fortan Zeit ein, um allerlei esoterische Bücher zu lesen. Ergänzend dazu besuchte sie auch verschiedene Kurse. Marcel sagt dazu: «Ich ging da und dort auch mit, konnte mich aber nie so richtig mit diesem Gedankengut anfreunden. Was mich vor allem nervte, war, dass Manuela zwar viele Kurse begann, jedoch keinen einzigen beendete. Ständig war da ein neuer Spleen. Als sie dann im Juni 2004 zu mir sagte, dass sie nun an ein Jesus-Fest gehen wolle, da war für mich klar, dass das Ganze eine weitere Macke von ihr war.»

Manuela schien diesmal jedoch deutlich entschlossener zu sein. Ja, sie sprühte richtig vor Begeisterung! «Nach einigem Murren ging ich dann, wenn auch mit Widerwillen, mit ihr zu diesem Fest.» Dort wurde auch Heilungsgebet angeboten. Marcel, der zu dieser Zeit unter einem Tinnitus[4] litt, ließ über sich beten. «Wenn es schon nichts nützt, dann wird es zumindest auch nichts schaden», sagte er sich. Eine gewisse Skepsis blieb dennoch bestehen, und Marcel glaubte sogar zu wissen, dass nichts passiert war, was letztlich jedoch ein Trugschluss war.

Einige Monate später besuchten Marcel und Manuela einen Heilungsgottesdienst in Luzern, wo ich darüber sprach, wie Jesus auch in der heutigen Zeit noch Wunder tut. Das ganze Programm war umrahmt von verschiedenen kurzen

[4] Klingen, Summen, Pfeifen oder Zischen im Ohr. Diese Beschwerden können dauerhaft sein oder auch in Abständen immer wieder auftreten.

Zeugnissen darüber, wie einzelne Menschen die Liebe Gottes in ihrem Leben erfuhren. «Das, was Daniel hier predigte, ließ mich nicht mehr los. Allmählich begann ich zu begreifen, dass es diesen Jesus, der vor zweitausend Jahren Wunder wirkte, auch heute noch gibt. Er war tatsächlich an Ostern auferstanden und lebt folglich auch heute noch. Dies stand mir, während der ganzen Predigt von Daniel, klar vor Augen. Und es vermittelte mir innerlich ein gutes Gefühl.»

Wenige Wochen später waren dann die Heilungsgottesdienste in der großen Jesuitenkirche – ebenfalls in Luzern – an der Reihe. «Als Daniel bereits am ersten Abend diejenigen, die unter Rückenschmerzen litten, zum Aufstehen aufforderte,[5] um für sie zu beten, stand ich ganz spontan ebenfalls auf. Und siehe da, ich wurde augenblicklich geheilt. Es war ein schönes warmes Gefühl, als die Heilkraft von Jesus mich berührte und durchflutete. Von diesem Zeitpunkt an wusste ich, dass es jemanden gab, der mich liebte und dem ich vertrauen konnte.»

In den folgenden Wochen wurde das Herz von Marcel immer wieder neu von dieser göttlichen Liebeskraft durchflutet. «Mein Herz wurde

[5] Als äußeres Zeichen dafür, dass man bereit war, an die Heilkraft von Jesus zu glauben.

davon so sehr berührt, dass auch vieles von dem, was tief in mir drin saß, geheilt werden durfte.» Marcel hat inzwischen auch gelernt, seine Sensibilität anzunehmen. Gerade diese Feinfühligkeit, deren er sich in frühen Jahren noch geschämt hat, lässt ihn heute die göttliche Vaterliebe in ganz besonderer Weise erleben. Marcel Pütter hat Heilung an Geist, Seele und Leib erfahren.

Was wir im Rahmen unserer Sehnsüchte letztlich unter echter Liebe verstehen, das sind vor allem Akzeptanz, Annahme sowie gegenseitige Wertschätzung. Anhand von Marcels Geschichte wurde deutlich, was die Heilkraft von Jesus bewirken kann, wenn wir uns dafür öffnen.

Zur Vertiefung und Kontemplation

Haben Sie schon einmal bewusst Jesus Christus gebeten, Sie seine Liebe ganz praktisch spüren zu lassen?

Setzen Sie sich ganz entspannt hin. Legen Sie ihre leeren Hände offen auf den Schoß und schließen Sie die Augen.

Reden Sie mit ihm so, als würde er Ihnen gegenübersitzen.

Notizen

Der leidenschaftlich liebende Jesus

Beispiel 6

Was ist denn das für ein Aufruhr? Schon von Weitem sieht man sie. Die große Menge, die dem seit einiger Zeit populären Mann Jesus nachfolgt, bewegt sich in Richtung Jerusalem. Alle rufen sie nun, während sie ihn begleiten: «Das ist der Prophet Jesus aus Nazareth in Galiläa!» Als der ganze Tross schließlich kurz vor dem Tempel zum Stehen kommt, wird es in der zuvor noch rufende Menge deutlich ruhiger.

Jesus, dem sie nachfolgen, geht nun hinein in den Tempel. Dort allerdings lässt die Begeisterung über sein Erscheinen ziemlich rasch nach. Denn Jesus beginnt nun, ergriffen von heiligem Zorn, alle Händler und Käufer aus diesem Gottesgebäude hinauszutreiben. Mit einer Peitsche, die er selber aus einzelnen Stricken gemacht hat, treibt er nun alle Rinder und Schafe aus dem

Tempelbezirk. Dabei stößt er auch die Tische der Geldwechsler um. Zu den Taubenverkäufern wiederum sagt er: «Schafft das hier weg und macht aus dem Haus meines Vaters keine Markthalle!»

Nichts scheint vor ihm sicher zu sein. Und niemand mehr kann ihn von seinem Vorhaben abbringen. Einige flüchten buchstäblich, weil sein Zorn ihnen Angst einjagt. Da, wo noch vor wenigen Augenblicken Ruhe und Ordnung geherrscht hat, breitet sich nun zunehmend ein großes Durcheinander aus. Dort drüben schreit einer aus voller Kehle, wie wenn der Leibhaftige hinter ihm stünde; ein anderer versucht verzweifelt, zu retten, was noch zu retten ist, und flucht dauernd vor sich hin. Etliche wiederum sind dabei, mühsam ihr sauer verdientes Kleingeld, das sich irgendwo am Boden zwischen Kohlköpfe, herumflatternde Tauben und eingestürzten Stände verirrt hat, zusammenzulesen.

Jesus wiederum, immer noch dabei, die Händler und Käufer hinauszujagen, schreit mitten in die Menge hinein: «In den heiligen Schriften steht doch, dass Gott erklärt hat: ‚Mein Tempel soll eine Stätte sein, an der alle Völker zu mir beten können!' Ihr aber habt eine Räuberhöhle daraus gemacht!»

Diejenigen, denen diese Worte gelten, verziehen grimmig ihre Mienen. Aber niemand wagt es, Jesus zu widersprechen oder gar tätlich gegen ihn vorzugehen. Eine Türe geht auf, und plötzlich bringen einige seiner Gefolgsleute Blinde und Gelähmte zu Jesus. Er selber nimmt sich für diese Menschen viel Zeit und heilt sie alle. Die führenden Priester und Gesetzeslehrer, die zusehen, wie er Wunder an diesen elenden und schwachen Menschen vollbringt, werden immer wütender. Aber fast noch mehr ärgern sie sich über die vielen Kinder, die aus voller Kehle rufen: «Heil dem Sohn Davids! Heil dem Sohn Davids!» Immer wieder von Neuem rufen sie: «Heil dem Sohn Davids!»

Einige Schriftgelehrte wenden sich nun Jesus zu und fragen ihn: «Hörst du, was diese Kleinen da rufen?» – «Aber sicher», reagiert Jesus. «Habt ihr denn nie in den heiligen Schriften gelesen, was dort geschrieben steht: ‚Du sorgst dafür, dass sogar Unmündige und kleine Kinder dich preisen'?»

Je mehr die führenden Priester und Schriftgelehrten solche Worte hören, umso mehr werden sie sich darüber einig, dass es an der Zeit ist, Jesus zu beseitigen. «Dieser Mann ist eine Gefahr für unser ganzes Volk.» Dieser Aussage eines einflussreichen Lehrers stimmen fast alle zu.

Sie beschließen deshalb, nach einer Möglichkeit Ausschau zu halten, wie sie Jesus gefangen nehmen und umbringen können. Sein Einfluss auf die breite Volksmasse ist inzwischen dermaßen groß geworden, dass man dagegen einfach etwas unternehmen muss. So kann und darf es nicht mehr weitergehen. Es gab in den vergangenen Tagen zu viele Leute, die buchstäblich unter den Bann seiner Worte gerieten. «Jesus muss beseitigt werden, und zwar schleunigst», meldet sich nun eine Stimme.

Jesus, der sich ganz in der Nähe dieser Lehrer aufhält, hört, wie einige Gesetzeslehrer sagen: «Er steht mit dem Teufel im Bund. Der oberste aller bösen Geister gibt ihm die Macht, die Geister auszutreiben.» Daraufhin ruft er diese Lehrer zu sich und beginnt, ihnen in einer einfachen bildhaften Sprache seinen Standpunkt darzulegen: «Erkennt doch endlich den Widerspruch innerhalb eurer Aussage», beginnt er seine Rede. «Wie sollte es möglich sein, dass Satan sich selber austreiben kann? So etwas ist doch ein völliger Unsinn! Jeder Staat muss untergehen, wenn seine Machthaber uneins sind und sich gegeneinander auflehnen. Auch wenn die einzelnen Glieder einer Familie miteinander im Streit liegen, wird die Familie zerfallen. Wenn also der Satan mit sich selbst uneins wird und sich selbst bekämpft, so muss auch er untergehen. Mit seiner Herrschaft ist es dann aus. Wer in das Haus eines starken Mannes einbrechen und etwas stehlen will, muss zuerst den starken Mann fesseln; dann erst kann er das Haus ausrauben.»

Die Widersprüche, die Jesus hier aufzeigt, leuchten ein. Aber er ist noch nicht am Ende seiner Rede: «Der Täufer Johannes fastete und trank keinen Wein, und ihr habt immer wieder behauptet, dass er deswegen von einem bösen Geist besessen ist. Ich, der Menschensohn, trinke und esse, und ihr behauptet diesmal das pure Gegenteil, indem ihr sagt, ich sei ein Vielfraß und Säufer, ein enger Freund von Zolleinnehmern und Sündern. Aber ich sage euch: Die Weisheit Gottes wird nur durch diejenigen bestätigt, die für sie offen sind.»

Die Anwesenden hören interessiert zu, während Jesus weitere wichtige Sätze lehrt: «Ich sage euch: Jede Sünde kann den Menschen vergeben werden. Auch jede Gotteslästerung kann vergeben werden. Jeder Mensch, der jedoch den heiligen Geist beleidigt, erhält nie Vergebung. Er ist auf ewig schuldig geworden.»

Der Abend rückt nun immer weiter vor, und die Schatten werden länger. Jesus hat sich inzwischen aus dem Tempel entfernt und ist nun dabei, zusammen mit seinen Jüngern nach Hause zu gehen. Doch mit der Ruhe ist es einmal mehr schnell vorbei, als man sie erblickt. In kurzer Zeit strömt eine dermaßen große Menge zusammen, dass er und seine Jünger nicht einmal Zeit finden, das gemeinsame Essen einzunehmen.

Inzwischen haben auch die Angehörigen von Jesus von all diesen Volkstumulten vernommen. Sie treffen deshalb die Entscheidung, sich zu ihm aufzumachen und – falls es nötig sein sollte – sogar Gewalt anzuwenden, um ihn nach Hause zu holen. Einer seiner näheren Verwandten sagt zu den anderen: «Er muss völlig verrückt geworden sein. Also kommt und lasst uns diesem ganzen Tumult endlich ein Ende machen!»

Kurze Zeit später stehen Maria, die Mutter Jesu, und seine Brüder vor dem Haus, in dem sich gerade Jesus, seine Jünger und viele andere Menschen befinden. Sie schicken jemanden hinein, um Jesus herauszurufen. Doch rings um Jesus sitzen etliche Leute, ganz dicht gedrängt. Ein Durchkommen zu ihm ist nur sehr schwer möglich.

Von Weitem ruft der Mann, der ins Haus geschickt worden ist, Jesus zu: «Deine Mutter und deine Brüder und Schwestern stehen draußen und wollen etwas von dir.» Jesus unterbricht seine Rede und fragt in die Runde: «Wer sind

> meine Mutter und meine Brüder?» Dabei sieht er auf die Leute, die um ihn herum sitzen, zeigt mit dem Finger auf einzelne Leute und ergänzt: «Hier sind meine Mutter und meine Brüder! Wer tut, was Gott will, der ist mein Bruder, meine Schwester und meine Mutter!»[6]

Die etwas längere Einleitung zu diesem Kapitel könnte man mit «Ein Tag im Leben von Jesus» umschreiben. Sie ist eine Zusammenstellung aus verschiedensten Abschnitten der vier Evangelien (Lebensberichte über Jesus Christus in der Bibel). Wie wir gesehen haben, wird Jesus auf der einen Seite umjubelt, auf der anderen Seite hätte man ihn am liebsten beseitigt. Krankenheilungen gehen einher mit theologischen Streitgesprächen; Familienangehörige zeigen sich besorgt, greifen andererseits aber auch mit entsprechend liebloser Härte durch.

Was ich vor allem mit dieser Geschichte aufzuzeigen versuchte, ist die Leidenschaft, mit der Jesus liebte. Er liebte mit völliger Hingabe. Bei allem, was er tat, war sein Herz dabei. Man spürt so richtig die Vibrationen, die von seinen Reden ausgehen. Wer die Wahrheiten, die er predigte, nicht liebte, wurde zutiefst in seinem Innern aufgeschreckt. Jesus entlarvte die Heuchler ebenso wie gewisse Frömmler, die auf ihre Selbstgerechtigkeit setzten. Er war mehr als ein Liebesphilosoph. Das, was

---

6 Frei interpretierter Text in Anlehnung an Matthäus 21,11–16, Markus 3,20–35, Markus 11,15–18, Lukas 7,33–35 und Johannes 2,14–17.

er vorlebte, ließ niemanden gleichgültig. Entweder war man Feuer und Flamme für ihn, oder man entschied sich dazu, ein erbitterter Feind zu werden. Seine Worte waren wie ein Hammer, der Felsen zerschmetterte.[7]

Jesus liebte die Menschen und die Wahrheit über alles. Er wusste um die dunkle Seite im menschlichen Herzen. Ihm war auch klar, wann er die Leute ganz direkt mit negativen Dingen konfrontieren musste. Er wünschte sich von Herzen, dass seine Zuhörer die falschen Wege verlassen und umkehren würden.

Das Volk, das Jesus zuhörte, wäre oftmals am liebsten handgreiflich geworden. Das Heilen und das Predigen über die Liebe – das wäre ja noch erbaulich und ermutigend gewesen. Eher schrecklich empfanden es viele seiner Zuhörer, wenn sie sich plötzlich Botschaften wie die folgende anhören mussten:[8] «Wie das Unkraut eingesammelt und verbrannt wird, so wird es auch am Ende der Welt zugehen: Der Menschensohn – das ist Jesus Christus selbst – wird seine Engel aussenden, und sie werden aus seinem Herrschaftsgebiet alle einsammeln, die Gott ungehorsam waren und andere zum Ungehorsam verleitet haben. Sie werden sie in den glühenden Ofen werfen; dort gibt es nur noch Jammern und Zähneknirschen. Dann

7 Siehe dazu auch Jeremia 23,29.

8 Sämtliche Bibelstellen, die in diesem Buch aufgeführt werden, sind – wo nicht anders erwähnt – der Übersetzung «Gute Nachricht Bibel», revidierte Fassung 1997 der «Bibel in heutigem Deutsch», Deutsche Bibelgesellschaft, Stuttgart, entnommen.

werden alle, die Gott gehorcht haben, in der neuen Welt Gottes, ihres Vaters, so hell strahlen wie die Sonne. Wer Ohren hat, soll gut zuhören!»[9]

Die Hölle, von der Jesus hier sprach, war nicht gleichnishaft gemeint. Sie existiert tatsächlich. Jesus hat viel von seinem Vater im Himmel gesprochen. Auch darüber, welche Prinzipien im Himmelreich gelten. Doch wie es dort aussehen wird, darüber hat er kaum etwas gesagt. Anders beim Thema Hölle, darüber hat sich Jesus manchmal sehr detailliert geäußert. Er wollte uns vor der Hölle warnen. Denn oftmals befindet sie sich näher, als wir denken …

Von der Hölle in uns zur Erneuerung des menschlichen Herzens

Beispiel 7

Einmal in einer Kirche. Gespannt blickten die Zuhörer mich an, als ich mehrere Sekunden lang inmitten meiner Predigt nichts mehr sagte. Was jetzt wohl kommt? – Plötzlich fragte ich die Anwesenden: «Wisst ihr, was ich jetzt sehe?» Einige schauten mich erstaunt an. Auf anderen

[9] Matthäus 13,40–43.

Gesichtern entdeckte ich eine Art Schmunzeln. Wiederum andere saßen einfach in Gedanken versunken da und überlegten. «Ich sehe, wenn ich viele von euch so ansehe, eine ganze Reihe toter Menschen vor mir.»

Plötzlich erreichten mich mehrere geschockte Blicke der Anwesenden. Was ich hier sagte, schien ganz offensichtlich kein Spaß zu sein. «Biologisch gesehen sind alle von euch zwar lebendig», erklärte ich weiter. «Dennoch sind etliche von euch tot!» – Einige schüttelten verständnislos den Kopf. Wie sollte man das, was hier gesagt wurde, einordnen können? Auf einigen Gesichtern konnte man buchstäblich eine gewisse Verärgerung ablesen. Nein, diese Aussage ging nun doch zu weit!

Jetzt war tatsächlich eine entsprechende Klärung meinerseits angesagt. «Alle, die wir uns hier versammeln, altern vor uns hin. Unser jetziges Leben hier auf dieser Erde endet mit dem biologischen Tod. Aber es gibt noch ein anderes Leben, das spirituelle. In dieser Beziehung sind viele von uns tot. Und somit gibt es unter uns etliche, die dieses geistliche Leben, das dem natürlichen weitaus überlegen ist, nicht kennen.»

Wie konnte ich diese Kirchgänger nur so direkt ansprechen und vereinzelt schockieren?! Darauf gibt es nur eine

Antwort: Es war Liebe! Echte und aufrichtige Liebe zu meinen Zuhörern. Für mich war klar, dass ich mir niemals leisten durfte, die Realität zu verschweigen. Die wahre Liebe kennt keine Lügen, keine billigen Vertuschungen und auch keine Verheimlichungen. Echte Liebe fordert heraus. Sie setzt sich für die Wahrheit ein. Und genau dies will ich mit den folgenden Zeilen auch tun. Dies selbst auf die Gefahr hin, dass meine Meinung vielleicht auf den einen oder anderen Leser eine unangenehme Wirkung haben kann.

Ich werde aus Liebe zu Ihnen hier nun eine Wahrheit ansprechen, mit der ich ein bestimmtes Tabu breche. Doch es ist dringend nötig. Nach dem Leben auf dieser Erde erwartet uns entweder eine Ewigkeit im Himmel oder in der Hölle.

Die meisten Menschen auf diesem Planeten leben in höllischen statt in paradiesischen Zuständen. Ab und zu mag es zwar einige Lichtblicke geben. Doch genau betrachtet stecken die Menschen hier auf dieser Erde – losgelöst von Gott – in der Hölle. Trotz des versprochenen Neuen Zeitalters nehmen Kriege, Hungersnöte, Erdbeben, Kriminalität, Terrorismus, die Umweltverschmutzung, Seuchen und viele andere Unannehmlichkeiten überhand. Selbst «die Liebe beginnt in vielen zu erkalten», wie Jesus es sagte (Matthäus 24,12), und mit Fun, Vergnügungen und Unterhaltung in all ihren Facetten scheint es in unseren Breitengraden ebenfalls bald zu Ende zu sein. So schreibt beispielsweise Peter Hahne in seinem Bestseller «Schluss mit lustig – Das Ende der Spaßgesellschaft»: «Das ist das Ende der heiteren Beliebigkeit. Die Schalmeien der Multikultifolklore sind verstummt ... Es gibt eben doch eine Realität, die durch spaßige Fernsehvirtualität nicht ersetzt werden kann. Die Menschen sind im wahrsten Wortsinn ver-unsichert und suchen hilflos nach einer Versicherung.»[10]

Auf unserer Erde ist bereits die Hölle los. Dies ist allgemein bekannt. Dort, wo wir es uns leisten können, versuchen wir verzweifelt, krampfhaft und oft auf sehr egoistische Weise, möglichst noch einige Glücksmomente für uns persönlich herauszuholen. Wir verbringen auf Kosten einer völlig verarmten einheimischen Bevölkerung billige Ferien in paradiesischen Destinationen. Kurz vor dem Rückflug beruhigen wir unser Gewissen dann damit, dass wir unsere letzten Münzen großzügig den halbnackten bettelnden Kindern spenden, die dabei sogar noch in den Genuss kommen, unsere Schuhe zu putzen und unser Gepäck tragen zu dürfen.

Im Swimmingpool der monströsen Villa seiner superreichen Eltern vergnügt sich der zehnjährige Sprössling – Einzelkind von zwei Elternteilen, die beide erfolgreich im Beruf sind – mit einem Ball im Wasser. Er grübelt oft tagelang über Sinnfragen des Lebens nach und lebt dennoch allein und vereinsamt im Paradies. In seinem

[10] «Schluss mit lustig – Das Ende der Spaßgesellschaft» von Peter Hahne, St.-Johannis-Druckerei, Lahr/Schwarzwald, 2004, Seiten 14 und 15.

Herzen ist – allen scheinbar positiven und angenehmen Umständen zum Trotz – die Hölle los. Wenige Jahre später betäubt er sich mit Drogen. Seine Langeweile versucht er mit sexuellen Eskapaden am Wochenende zu überwinden. Doch die wenigen Streicheleinheiten, die er dabei bekommt, vermögen sein innerstes und tiefstes Verlangen nach Liebe nicht zu stillen. Das Elend in seiner Seele lässt sich nicht mehr aufhalten.

Millionen anderer Menschen träumen davon, in einem solchen Paradies zu leben. Die meisten, die solchen Träumen nachjagen, ahnen jedoch nicht, dass sich hinter den stolzen und geschmückten Fassaden vieler Villen oftmals die reine Hölle befindet. Die hohen Mauern vermögen zwar das vermeintliche, materielle Paradies vor Einbrüchen und den neidischen Blicken halbverhungerter Straßenkinder zu schützen; letztlich vermögen sie aber nicht zu verhindern, dass sich die lähmende Einsamkeit in die einzelnen Herzen einschleicht.

Egal, ob arm oder reich – es gibt Millionen von Menschen, welche die Hölle auf Erden erleben. Diese irdische Hölle allein ist schon schlimm genug. Ich selber spüre hier an dieser Stelle einerseits einen starken Drang, über ein äußerst unangenehmes Thema schreiben zu müssen. Gleichzeitig ist dieses Anliegen unausweichlich verbunden mit einem tiefen inneren Schmerz. Andererseits würde ich diesem Thema am liebsten ausweichen und einen großen Bogen darum herummachen. Denn es ist weitaus angenehmer, über positive Erlebnisse schreiben zu dürfen.

Somit fühle ich mich augenblicklich wie der Arzt, der seinem Patienten die unangenehme Mitteilung zu machen hat, dass seine Krankheit demnächst mit dem Tod endet. Eine nicht besonders angenehme Situation.

Das Krankheitsgeschwür, vor dem ich warnen muss, ist die Hölle, die besonders diejenigen im Anschluss an ihr Leben auf dieser Erde erwartet, die sich nicht klar willentlich *für* den Himmel entschieden haben. Vielleicht ist diese Tatsache mit ein Grund dafür, dass sich ganz allgemein nur wenige Menschen mit den Fragen des Weiterlebens nach unserem Tod beschäftigen. Rational denkende Menschen berufen sich zudem darauf, dass die so genannten wissenschaftlichen Erkenntnisse nur begrenzt sind respektive angeblich nicht ausreichen. Dementsprechend ist klar, dass, wenn unser menschlicher Horizont nur bis zu unserer Todesstunde reicht, wir letztlich blind für das sind, was nachher kommt. Doch selbst unsere neuesten Forschungen bestätigen bestenfalls, was bereits seit Jahrtausenden innerhalb der einzelnen Religionen bekannt ist: Die Hölle gibt es wirklich!

Interessante Beweise rund um Nahtoderfahrungen

Der Amerikaner Dr. med. Maurice S. Rawlings erlebte als Herzchirurg die entscheidenden Fortschritte der medizinischen Techniken der Wiederbelebung von klinisch

Toten jeweils hautnah mit. Immer ging es dabei um Leben und Tod. Und dies Operation um Operation.

Als nüchterner Wissenschaftler und überzeugter Atheist wäre es ihm nie in den Sinn gekommen, seiner beruflichen Tätigkeit eine religiöse Dimension beizumessen. Im Jahre 1977 machte er jedoch eine einschneidende Erfahrung, anhand der er seine bisherige Überzeugung änderte. Hier ist sein Bericht:

Beispiel 8

Das EKG-Gerät fing von Neuem an zu rattern, während Charlie McKaig, ein achtundvierzig Jahre alter Briefträger aus LaFayette/Georgia, nur mit Mühe der immer schneller werdenden Übungsgeschwindigkeit *(Anmerkung des Autors: Test auf einem Fahrrad)* zu folgen vermochte. Tatsächlich kamen die Schmerzen wieder, verbunden mit Schweißausbrüchen und akuter Atemnot. Ein ungewöhnliches, summendes Geräusch vom Monitor her ließ uns aufschauen. Unerwartet zeigte die Herzkurve eine ventrikuläre Tachykardie (gefährlich beschleunigte Herzfrequenz) an. Darauf folgte eine sehr lange Pause, dann extrem langsame, in großen Abständen kommende Herzschläge – und dann die Nulllinie.

Erstaunlicherweise redete Charlie zunächst noch weiter, ohne zu wissen, dass sein Herz nicht mehr schlug. Vier oder fünf Sekunden später sah er plötzlich ganz verblüfft drein, so als ob er etwas fragen wolle. Dann rollte er seine Augen nach oben und fiel vornüber …

Charlies Kopf wurde überstreckt, das Kinn der Zimmerdecke zugewandt, und eine Krankenschwester begann mit der Mund-zu-Mund-Beatmung. Eine weitere Schwester hängte die Infusion zur medikamentösen Behandlung an. Doch dann zeigte der Monitor einen totalen Herzblock an. Das bedeutete, dass das Herz den Impuls nicht richtig weiterleitete und ein Herzschrittmacher notwendig war, damit das Herz überhaupt auf die Wiederbelebung reagieren konnte.

Unter Zuhilfenahme einer großlumigen Kanüle schob ich den Draht des Herzschrittmachers in die Hauptvene unter dem Schlüsselbein, dann bis in die rechte Herzkammer vor und schloss das andere Ende an ein Pulsgebergerät an, das einen regelmäßigen Herzschlag vorgab.

Blut spritzte nach allen Seiten. Jedes Mal, wenn ich aufhörte, auf Charlies Brustkorb zu drücken, um den Herzschrittmacher zu regulieren, hörte das Herz auf zu schlagen, Charlies Augen rollten zurück, und er fing von Neuem an zu röcheln, lief blau an und verfiel in krampfhafte Zuckungen.

Ich musste schleunigst mit bloßen Händen hinüberlangen und von Neuem drücken. Doch diesmal hörte ich ihn schreien: «Nicht aufhören! Ich bin in der Hölle! Ich bin in der Hölle!»

«Er halluziniert», dachte ich. Gewöhnlich sagen die Patienten nämlich: «Nehmen Sie gefälligst Ihre Pranken von meinem Brustkorb, Sie brechen mir ja alle Rippen!» Doch dieser Mann rief genau das Gegenteil: «Um Gottes Willen, nicht aufhören! Verstehen Sie denn nicht? Jedes Mal, wenn Sie loslassen, bin ich wieder in der Hölle!»

Dann bat er mich, für ihn zu beten, was mir fast wie eine Beleidigung vorkam. Ich sagte ihm klipp und klar, er möge gefälligst den Mund halten. Ich sei Arzt und kein Pfarrer oder Psychiater. Als ich aber die erwartungsvollen Blicke der Schwestern sah, wusste ich, mir blieb keine andere Wahl. Ich musste, wenn auch nur zum Schein, ein Gebet erfinden. Das sprach ich ihm vor, und er wiederholte Wort für Wort. Gleichzeitig führte ich mit einer Hand die Wiederbelebungsmaßnahmen durch und regulierte mit der anderen den Herzschrittmacher. «Sprechen Sie mir nach: Jesus Christus ist Gottes Sohn. – Los,

> sagen Sie es!», forderte ich ihn auf. «Bewahre mich vor der Hölle, und wenn du mich am Leben bleiben lässt, will ich für immer dir gehören. Los, sagen Sie es!»
>
> Und dann geschah etwas Merkwürdiges, das unser beider Leben total veränderte. Charlie erlebte eine gründliche Bekehrung! So etwas hatte ich noch nie gesehen. Er war nicht mehr länger der schreiende, tobsüchtige Irre, der mit wildem Blick um sein Leben kämpfte. Er war jetzt ganz ruhig und friedlich und kooperativ. Das machte mir Angst. Ich war bis ins Mark erschüttert. Das zum Schein gesprochene Gebet hatte nicht nur Charlies Seele getroffen, sondern der Schuss war nach hinten losgegangen und hatte mich ebenfalls erwischt.»[11]

Die deutsche Fachzeitschrift *esotera* hält in ihrer Ausgabe vom Mai 1998 fest: «Fast jeder fünfte von der Schwelle des Todes Zurückgekehrte berichtet von Angst erregenden oder höllischen Erfahrungen.» Ergänzend wird festgehalten: «Die alten Kulturen wussten bereits davon.»[12] Auch das folgende Beispiel einer weiteren Nahtoder-

[11] Zitiert aus «Zur Hölle und zurück» von Dr. med. Maurice S. Rawlings, Verlag C. M. Fliss, D-22453 Hamburg, Seiten 41 bis 43.

[12] Zeitschrift esotera, Verlag Bauer, Mai 1998, Seite 16.

fahrung, kommentiert von Bruce Greyson,[13] ist dieser Zeitschrift entnommen.

Beispiel 9

«Plötzlich befand ich mich in einem Kreis aus Licht, blickte auf die Unfallszene hinunter und sah mich selbst gefangen und bewusstlos. Ich beobachtete, wie einige Autos hielten und eine Frau meine beiden Kinder in Sicherheit brachte. Eine Hand berührte die meine. Ich drehte mich um ... und erblickte Jesus Christus – genau wie er auf allen Heiligenbildern dargestellt ist.»

«Niemals», erklärte diese junge Frau später, «wollte ich diesen Ort und diesen Mann wieder verlassen.» Doch Jesus zwang sie, von dieser Seite der Glückseligkeit auf eine des Elends hinüberzugehen: «Ich war angeekelt, erschrocken und verstört. Es war so hässlich! Die Menschen waren geschwärzt, verschwitzt, stöhnten vor Schmerzen und waren an ihren Platz gefesselt. Ich musste dieses Gebiet durchwandern, bis ich wieder in das Schöne kam. Ich wusste mit Sicherheit, dass ich eine von diesen Kreaturen werden würde, wenn ich mich entschloss zu bleiben. Doch dann

[13] Bruce Greyson ist Leiter der «International Association of Near Death Studies (IANDS) und Herausgeber des viermal jährlich erscheinenden «Journal of Near Death Studies».

riefen plötzlich drei Kinder, zwei Jungen und ein Mädchen: ‚Mami, wir brauchen dich. Komm bitte zu uns zurück!' Die Jungen waren viel älter als meine beiden, und ein Mädchen hatte ich nicht. Plötzlich war ich wieder in diesem Lichtkreis. Ich sah wieder den Unfall und wusste, dass ich zurückmusste. Einige Jahre später wurde ich Mutter eines Mädchens. Ich kannte es bereits.»

Die Schilderung dieser zum Teil erschreckenden Sterbeerfahrung einer siebenundzwanzigjährigen Amerikanerin nach einem schweren Autounfall stammt aus einer fünfzig Fälle umfassenden Sammlung von qualvollen Nahtoderfahrungen des Professors für Psychiatrie an der Universität von Virginia in Charlottesville, Bruce Greyson, und der Theologin Nancy Evans Bush.[14] Greyson gestand selbstkritisch ein: «Wir haben nicht versucht, erschreckende Berichte über Nahtoderlebnisse zu finden, weil wir nichts davon wissen wollten.»[15]

Erfahrungen rund um die Hölle und den Himmel, die beide reale Existenzen sind, gibt es schon lange. Ein weiteres interessantes Beispiel dazu ist die Geschichte des armen Lazarus und des reichen Mannes.

[14] Zeitschrift *esotera,* Verlag Bauer, Mai 1998, Seite 16.
[15] Dito.

Beispiel 10

Es war einmal ein reicher Mann, der immer die teuerste Kleidung trug und Tag für Tag im Luxus lebte. Vor seinem Haustor lag ein Armer, der hieß Lazarus. Sein Körper war ganz mit Geschwüren bedeckt. Er wartete darauf, dass von den Mahlzeiten des Reichen ein paar kümmerliche Reste für ihn abfielen. Er konnte sich nicht einmal gegen die Hunde wehren, die seine Wunden beleckten.

Der Arme starb, und die Engel trugen ihn an den Ort, wo das ewige Freudenmahl gefeiert wird; dort erhielt er den Ehrenplatz an der Seite Abrahams. Auch der Reiche starb und wurde begraben. In der Totenwelt litt er große Qualen. Als er aufblickte, sah er in weiter Ferne Abraham und Lazarus auf dem Platz neben ihm. Da rief er laut: «Vater Abraham, hab Erbarmen mit mir! Schick mir doch Lazarus! Er soll seine Fingerspitzen ins Wasser tauchen und meine Zunge ein wenig kühlen, denn das Feuer hier brennt entsetzlich.» Aber Abraham sagte: «Mein Sohn, denk daran, dass du schon zu Lebzeiten das dir zugemessene Glück erhalten hast, Lazarus aber nur Unglück. Dafür kann er sich nun hier freuen, während du Qualen leidest. Außerdem liegt zwischen uns und euch ein riesiger Graben. Selbst wenn jemand

> wollte, könnte er nicht zu euch kommen, genauso wie keiner von dort zu uns gelangen kann.»
>
> Da bat der reiche Mann: «Vater Abraham, dann schick Lazarus doch wenigstens in mein Elternhaus! Ich habe noch fünf Brüder. Er soll sie warnen, damit sie nicht auch an diesen schrecklichen Ort kommen.» Doch Abraham sagte: «Deine Brüder haben das Gesetz Mose und die Weisungen der Propheten. Sie brauchen nur darauf zu hören.» Der Reiche erwiderte: «Vater Abraham, das genügt nicht. Aber wenn einer von den Toten zu ihnen käme, dann würden sie ihr Leben ändern.» Abraham sagte: «Wenn sie auf Moses und die Propheten nicht hören, dann lassen sie sich auch nicht überzeugen, wenn jemand vom Tod aufersteht.»[16]

Jedes Mal, wenn ich diese Geschichte von Lazarus lese, fühle ich heiße und kalte Schauer über meinem Rücken. Ich spüre, dass diese Botschaft sehr ernst ist und absolut der Wahrheit entspricht. Und ebenso weiß ich, dass es zu meinem Auftrag gehört, meine Mitmenschen zu warnen, bevor es zu spät ist. Aber um ganz ehrlich zu sein: Ich war viele Jahre lang zu feige, vor vielen Leuten über die Hölle zu reden. Die Angst, missverstanden zu werden, führte dazu, dass ich dieses Thema in der Öffentlichkeit mied.

[16] Lukas 16,19–31.

Gerade jetzt, wo ich diese Zeilen hier schreibe, spüre ich, wie Gott zu mir sagt: «Daniel, du musst, wenn du über ‚Lieben wie Jesus' schreibst, die Menschen auch über die Hölle aufklären.» Ich weiß, dass es mir nur dann möglich ist, ein solch heikles Thema anzuschneiden, wenn ich letztlich selber von der Liebe Gottes erfüllt bin.

Einige Minuten später sitze ich noch immer da, innerlich tief bewegt darüber, dass Gott zu mir so deutlich gesprochen hat. Meine Gedanken beschäftigen sich mit folgender Frage: Was soll ich tun, wenn mir die Menschen nicht glauben wollen? Wie kann ich sie davon überzeugen, dass die Bedrohung der Hölle echt ist? Werden sie so eine Warnung überhaupt ernst nehmen? Plötzlich höre ich Gott einmal mehr zu mir reden. Er sagt: «Ich liebe alle Menschen so sehr, dass ich sogar meinen Sohn Jesus zu euch geschickt habe. Ich will, dass alle die Lügen Satans durchschauen, die Wahrheit erkennen und vor der Hölle gerettet werden.»[17]

Da fiel es mir plötzlich wie Schuppen von den Augen: Es liegt ja gar nicht in meiner Verantwortung, wie die Leser auf diese Aussagen reagieren. Aber ich bin dafür verantwortlich, klaren Wein einzuschenken und nichts von dem, was ich weiß, zu verheimlichen. – Ein Mann, der die Realpräsenz der Hölle in seinem Leben erfuhr, ist mein Freund Stefan Driess. Er hatte mit der Macht des

17 Siehe dazu auch Johannes 3,16 und 1. Timotheus 2,4.

Bösen einige ganz besondere Erfahrungen gemacht. Hier ist sein Bericht:

Beispiel 11[18]

Schon als Kind träumte ich manchmal Dinge, die dann eintrafen. Ich spürte die Gegenwart des Bösen. Oft konnte ich nicht richtig beschreiben, was es genau war, aber ich spürte, dass es eine unsichtbare Welt gibt.

Ich weiß noch, dass ich von Zeit zu Zeit die Stimme hörte: «Deine Eltern lieben dich nicht! Deine Eltern wollen dich nicht!» Und ich war mir damals schon völlig sicher, dass diese Stimme nicht meinen eigenen Gedanken entsprungen war. Ich hatte auf beunruhigende Weise Teil an der unsichtbaren Welt. Und was ich dort mitbekam, sollte mich auf verschiedene Arten quälen – wie diese Stimme, die mir die Liebe meiner Eltern absprach.

«Wir kriegen deine Seele!» Mit diesen Worten drohten mir die Geistwesen, mit denen ich Kontakt aufgenommen hatte. Nachdem einige meiner Kollegen und ich eines Tages – wie beim

[18] Dieses Beispiel wurde in gekürzter Form dem Buch «Highway To Hell – Ein Hooligan auf dem Weg zur Hölle» von Stefan Driess, Grace-Productions, D-70794 Filderstadt, entnommen.

Gläserrücken üblich – den Geist, mit dem wir Kontakt hatten, nach seinem Namen fragten, bewegte sich das Glas auf dem Tisch in Richtung der Buchstaben und schrieb S – A – T – A – N. Als wir lasen, dass der Geist sich für Satan ausgab, waren wir einerseits schockiert, andererseits machte diese Aussage das Ganze noch etwas spannender.

Persönlich war ich immer wieder auf der Suche nach neuen Erfahrungen. Drogen, Alkohol, sexuelle Erlebnisse, all das befriedigte nur kurzzeitig. Danach war es sogar so, als wäre die Leere in mir noch größer geworden. «Ja», dachte ich, «warum nicht? Das probiere ich aus.»

Je mehr ich mich mit diesen Dingen beschäftigte, umso mehr wurde ich – ohne es zu merken – für die Geisterwelt zum Medium. Es war für andere leichter, Kontakt mit Geistern zu bekommen, wenn ich an der Sitzung teilnahm. Ich glaubte daran, dass es gute und böse Geister gab. Wir wollten natürlich nur mit den guten Geistern reden und taten deshalb alles, um nur mit ihnen in Kontakt zu kommen. So legten wir ein Kreuz auf den Tisch, Engelsbilder und Figuren. Wir glaubten, dass diese Dinge uns beschützen würden.

«Wir kriegen deine Seele», sagte derjenige Geist zu mir, der sich als Satan ausgab. Mittlerweile genoss ich es, die bösen Geister zu ärgern, indem ich den Namen Gottes ins Spiel brachte, worüber sie nicht sehr begeistert waren. So sagte ich: «Du bist also Satan, dann weißt du ja, dass Gott stärker ist» (obwohl ich das selbst nicht wusste und damals auch nicht glaubte). Das Glas fing an, sich schneller zu bewegen. Es begann, auf dem Tisch immer schneller im Kreis herum zu rutschen, bis es dann in meine Richtung den Tisch entlang rutschte. Ich drehte meinen Oberkörper zur Seite und das Glas schoss an mir vorbei. Beim nächsten Kontakt drohten die Geister mir, keinen Kontakt mehr mit mir aufzunehmen, wenn ich nicht aufhören würde, solche Dinge zu sagen.

Warum hatten sie solche Angst vor Gott, und warum wurden sie so wütend, wenn ich seinen Namen erwähnte, wo es Gott doch scheinbar gar nicht gab?

«Du wirst an Krebs sterben», war die Antwort eines Geistes an ein türkisches Mädchen, das an einer Sitzung teilnahm. Alle waren erschrocken. Waren doch zuvor die Aussagen der Geister ganz anders gewesen. Was geschah hier? Immer wieder gab es solche Zwischenfälle, die Angst und Unsicherheit verbreiteten.

Wir erlebten Spukphänomene, das heißt, dass Gegenstände ohne sichtbare Einwirkung von ihrem Platz gestoßen oder geworfen wurden. Konnte das denn alles real sein? Ich kannte doch solche Dinger nur aus Horrorfilmen Marke Hollywood. Aber das waren doch nur Filme – oder?

Ich wollte das Gläserrücken völlig bleiben lassen, weigerte mich, weiterhin auf die Stimmen und die Erscheinungen zu achten, und hoffte, dadurch die Situation ins Lot zu bringen. Aber ich hatte mich getäuscht! Als ich anfing, mich gegen die Erscheinungen zu wehren, zeigten sie mir ihr wahres Gesicht. Jetzt erkannte ich den Engel des Lichts als die Fratze, die er wirklich war.

Schauderhafte, Angst erregende und grauenvolle Gesichter und dämonische Erscheinungen überfluteten mein sensibilisiertes Sehen. Von einem Moment zum anderen fürchtete ich, verrückt zu werden. Es gab keinen Menschen, dem ich mich hätte anvertrauen können. Ich hatte Angst, in die Psychiatrie abgeschoben zu werden.

Der Gedanke, durch einen Selbstmord Menschen noch einmal wehtun zu können, erzeugte in mir etwas, das mit einer inneren Zufriedenheit vergleichbar war. Obwohl ich noch am Leben hing und noch nicht einmal zweiundzwanzig Jahre alt war, sehnte ich mich nach dem Tod.

Als ich schließlich in den Weinbergen auf den Platz zulief, den ich mir für mein Abscheiden von dieser Erde ausgesucht hatte, wurde mir wieder bewusst, dass es nun wirklich zu Ende war. Ich verabscheute mich selbst. Ich hatte nie so werden wollen wie mein Vater. Nun musste ich erkennen, dass ich schlimmer geworden war. Ich war noch erschüttert von dieser Erkenntnis, als ich mir in meinem Herzen die Frage stellte: «War das mein Leben?»

Plötzlich sah ich mein Leben vor mir wie einen Film ablaufen. Es können nur Sekunden gewesen sein, in denen Jahre vor meinen Augen abliefen. Es waren nicht die schönen Szenen und Situationen meiner Vergangenheit. Ich sah nicht die Szenen, wo ich an Weihnachten oder Ostern in der Kirche gewesen war, wo ich einem Penner auf der Straße eine Wurst bezahlt hatte, um mein Gewissen zu beruhigen, oder wo ich gebeichtet hatte, um meine Sünden loszuwerden. (Was ich übrigens nur einmal tat. Dies war ein solch demütigendes Erlebnis gewesen, dass ich beschloss, es nie mehr zu tun.) Ganz im Gegenteil: Ich sah die Szenen, wo ich gelogen und gestohlen hatte. Ich sah, wie ich auf Menschen einprügelte und sie halb totschlug. Mir wurde gezeigt, wie hässlich ich zu den Menschen gewesen war, die mich liebten, und wie ich ihnen damit schrecklich wehgetan hatte.

Nach diesem Erlebnis fing ich an, bitterlich zu schluchzen. Ich fragte mich: «Ist das alles, was ich vorzuweisen habe? Ist das alles, was ich mit fast zweiundzwanzig Jahren erreicht habe?» Ich fühlte mich so leer. Mein Leben war nur Chaos und Zerstörung. Ich setzte mich auf die Erde, lehnte mich mit dem Rücken an einen Holzstapel dort im Weinberg und weinte und weinte. Das allein war schon etwas Besonderes, denn ich hatte schon lange nicht mehr geweint.

Plötzlich sah ich wieder eine dieser Fratzen, die mich auslachte, und ganz klar und deutlich kam ein Satz in meine Gedanken: «Wir haben es dir gesagt, wir kriegen deine Seele!» Als Satan mir das erste Mal sein Vorhaben durch diesen Satz angekündigt hatte, hatte ich darüber gelacht, denn ich nahm ihn nicht ernst. Ich glaubte ja, mein Leben in der Hand zu haben. Nun lachte er durch einen seiner Diener, diesen Dämon, über mich. Aus irgendeinem Grund stand ich daraufhin auf, schaute zum Himmel, und ohne wirklichen Glauben im Herzen zu haben, sprach ich die Worte aus, die mein ganzes Leben verändern sollten: «Gott, wenn es dich gibt und du mich lieb hast, dann tu jetzt etwas! Ich weiß nicht, ob es die Hölle gibt, ob ich als Selbstmörder dort hinkommen werde, aber mir ist jetzt alles egal. Wenn es dich gibt, dann tu jetzt etwas!»

In dieser Nacht hatte ich etwas getan, wovon ich nicht wusste, was für Auswirkungen es noch haben sollte. Aus der Tiefe meines Herzens kam unter Tränen dieser letzte Hilfeschrei – der letzte Versuch, herauszufinden, ob es doch noch einen Ausweg gab. Aber hatte es einen Sinn?

Ich hatte diese Worte gerade beendet, da kam ein starker Wind, als hätte jemand einen Schalter angemacht. Ich hörte einen Schrei, und die Fratze verschwand und eine Kraft floss durch meinen Körper, wie ich sie nie zuvor erfahren hatte. Ein intensives Gefühl der Liebe und des Friedens. Es war so schön, es ging so tief, es war so rein, ich wusste in diesem Moment: Das ist das, wonach ich mein ganzes Leben lang gesucht habe. – Nichts, was ich zuvor unternommen hatte, hatte mir nur annähernd ein solches Gefühl der Zufriedenheit, der Annahme und der Hoffnung vermittelt. Es war so herrlich, ich wünschte, es würde nie aufhören. Ich weiß nicht, wie lange es dauerte. Auf jeden Fall war etwas in mir geschehen. Mein Verstand sagte mir: «Stefan, bringe dich um, alles ist beim Alten geblieben.» Aber in mir war plötzlich wieder Hoffnung und der Wille weiterzuleben.

Und dieses Mal hörte ich eine andere Stimme, die aus meinem Innersten kam. Es war eine sanfte Stimme in meinem Herzen, die sagte: «Du sollst leben! Du sollst leben! Du sollst leben!»

Noch nie zuvor hatte ich diese Worte gehört. Im Gegenteil: Worte, die mich sehr verletzten, die mir die Daseinsberechtigung absprachen und meine Existenz zerstörten, hatten mich mein Leben lang begleitet. – Aber wer war das? Wer sprach hier zu mir? War das alles denn überhaupt real?

Für alle Menschen ist der beste Zeitpunkt, sich mit der Frage nach Himmel oder Hölle zu befassen, jetzt, solange wir leben. Denn nach unserem Ableben ist es dafür zu spät. Dies beweisen die letzten vier Beispiele mit aller Deutlichkeit.

Gott will, dass keine einzige Person, die jetzt auf dieser Erde lebt, nach ihrem Tod in die Hölle muss. Trotzdem zwingt er niemanden zum himmlischen Glück. Somit wird es auch keine Unfreiwilligen im Himmel geben. Andererseits ist, wenn unser Ziel der Himmel ist, eine bewusste Wahl angesagt. Um aus dem Teufelskreis unseres egoistischen und oftmals teuflischen Herzens auszubrechen, ist unser freier Wille herausgefordert.

Vielleicht stellen Sie sich jetzt folgende Fragen: Sind denn wirklich alle Menschen von der Hölle bedroht? Ist dies nicht nur ein Ort, an dem bestenfalls Schwerverbrecher anzutreffen sind? Ich habe doch bis jetzt niemandem ernsthaft etwas zuleide getan! Falls ich dennoch davon bedroht sein sollte, wie kann ich diese Gefahr so schnell wie möglich und endgültig abwenden?

Solche Fragen nehme ich sehr ernst. Wir müssen ihnen gründlich nachgehen und sie ganz seriös behandeln. Die Situation ist vergleichbar mit dem Patienten, der vermutet, an Krebs erkrankt zu sein. Sofern er bereit ist, sich dem Problem zu stellen, wird er baldmöglichst den besten Arzt aufsuchen, den er kennt. Er will sofort Klarheit erhalten über seine gesundheitliche Situation. Falls sich bösartiges Gewebe in seinem Körper befinden sollte, kann es noch rechtzeitig entfernt werden, bevor sich der Krebs im ganzen Körper ausbreitet. Je schneller, desto besser.

Dass es dabei auch viele Patienten gibt, die solche Fragen lieber verdrängen, ist eine andere Sache. Sie schieben den Arztbesuch so lange wie möglich in ihrem Herzen auf. Erst bei ganz starken Schmerzen greifen sie zum Telefonhörer. Der Arzttermin wird erst dann vereinbart, wenn die Krankheit schon bedrohlich fortgeschritten ist. Viele Menschen starben in der Vergangenheit nur deshalb an Krebs, weil sie sich nicht rechtzeitig helfen ließen. Die Todesursache ist in so einem Fall nicht die Krankheit an sich, sondern ihre zu späte Entdeckung und die zu spät eingeleiteten Therapien.

Wie steht es nun mit der Hölle? Ist sie für uns eine reale Gefahr? Und wenn ja, wie können wir sie definitiv abwenden? Falls sie doch keine Gefahr darstellen sollte, wie können wir denn ganz sicher sein, dass wir einmal bei Gott im Himmel sein werden?

Aus Erfahrung hat sich folgende Frage sehr bewährt, um eine klare Diagnose zu stellen: Angenommen, Sie würden in der folgenden Nacht sterben und Gott würde Ihnen die Frage stellen: «Aus welchem Grund soll ich Dich zu mir in den Himmel hereinlassen?» Was wäre Ihre Antwort an Gott? Geben Sie bitte Ihre Antwort ganz spontan, ohne lange nachzudenken. Nur so kommt sie aus Ihrem tiefsten Herzen und nicht aus dem Verstand. (Persönliche Antwort bitte hier und jetzt einfügen!)

Lesen Sie Ihre Antwort sich selber laut vor und nehmen Sie den Inhalt nochmals unter die Lupe! Konnten Sie Gott eine überzeugende Begründung geben, warum er Sie zu sich ins Paradies einlassen sollte? Hoffen Sie, von Gott angenommen zu werden, weil Sie als guter Mensch gelebt und viele gute Taten vollbracht haben? Worauf setzen Sie Ihr Vertrauen wirklich? Auf sich selber und Ihre positive Persönlichkeit, Ihren guten Lebensstil oder Ihre guten Taten? Oder setzen Sie Ihr Vertrauen auf Gott?

Im Gegensatz zur Hölle ist der Himmel ein vollkommener Ort. Dieser ist ein von Gott zubereiteter Ort für vorbereitete Menschen. Wir gehören dann zu dieser Gruppe, wenn wir tief in uns die Sicherheit besitzen, göttliche Vergebung bereits auf dieser Erde erhalten zu haben, respektive unsere Liebe zu Jesus das herausragende und zentrale Element in unserem Leben ist. Der Himmel ist ein Ort für diejenigen, die tief in sich das innere Zeugnis besitzen, dass Jesus sie angenommen hat. Es handelt sich beim Himmel um einen Ort, der für diejenigen bestimmt ist, die Jesus persönlich kennen. Somit wissen Leute, die für den Himmel bestimmt sind, dass Jesus auch sie persönlich kennt und liebt. Er selber sagte: «Ich bin der gute Hirt. Ich kenne meine Schafe, und sie kennen mich.»[19] Jesus persönlich zu kennen – das ist letztlich eine Frage der Beziehung. Es sind somit nicht die religiösen Ausübungen, die guten Werke oder die Anzahl der Kirchenbesuche, die darüber entscheiden, ob Jesus uns als seine Schafe annimmt; vielmehr ist die Frage entscheidend, ob wir unser Leben aus einer Beziehung zu Jesus heraus leben.

[19] Johannes 10,14.

Der Himmel ist – im Unterschied zur Hölle – ein perfekter Ort. Dies, weil auch Jesus perfekt respektive ohne Sünde ist. Da sich niemand aus eigener Kraft von dem, was die Bibel als Sünde bezeichnet, selber befreien kann, gilt es an dieser Stelle folgende Frage zu stellen und zu beantworten: Besitzen Sie die innere Gewissheit, dass Jesus Ihnen tatsächlich alle Ihre Verfehlungen vergeben hat? «Es wird niemals etwas Unreinem erlaubt sein, den Himmel zu betreten und ihn zu verschmutzen oder zu verderben», schreibt die amerikanische Autorin Mary Baxter.[20] «Der Himmel ist unerreichbar für die Sünde und die Sünder jeglicher Art und Beschreibung.» Diese Aussage finden wir auch in der Bibel respektive im Buch der Offenbarung, wo es heißt: «Nichts Unwürdiges wird Einlass finden. Wer Schandtaten verübt und lügt, kann die Stadt[21] nicht betreten. Nur wer im Lebensbuch des Lammes aufgeschrieben ist, wird in die Stadt eingelassen.»[22]

Gerade weil der Himmel ein vollkommenes Paradies ist, kann kein unvollkommener Mensch hineinkommen. Menschen, die in den Himmel kommen wollen, müssen Gottes Maßstab von Vollkommenheit und Reinheit genügen. In dem Moment, wo ein Unvollkommener den

20 Buch »Eine göttliche Offenbarung des Himmels» von Mary K. Baxter und Dr. T. L. Lowery, GILGAL Publishing, Ajoke Harewood, CH-5728 Gontenschwil/AG, 2002, Seite 14.
21 Das in der Bibel erwähnte «himmlische Jerusalem», die Stadt des ewigen Friedens.
22 Offenbarung 21,27.

Himmel betreten würde, hätte die Unreinheit Einzug gehalten.

Gott duldet bei sich im Himmel keine Unreinheit. Dies ist so sicher, wie dass ein guter Koch keine faulen Eier verwendet. Nehmen wir mal an, ich hätte Gäste bei mir zu Besuch. Bei dieser Gelegenheit würde ich mich dafür entscheiden, ihnen wunderbare Pfannkuchen aufzutischen. Ich bin also gerade dabei, das siebte Ei in die Hand zu nehmen, entdecke jedoch, dass es bereits beschädigt ist. Meine Nase nimmt dabei einen penetranten Geruch wahr, der ganz nach Verfaultem stinkt. Sollte ich dieses Ei trotzdem auch darunterrühren? Die sechs anderen Eier waren ja in bester Qualität! Sie werden sicher das verfaulte, das siebte Ei in ihrem Geschmack bei weitem aufwiegen. Niemand würde dies merken.

Nein, so denkt sicher niemand von uns. Falls man nur ein wenig Ahnung von Hygiene und vom Kochen hat, so würde man dieses eine Ei mit Bestimmtheit nicht mit den anderen vermengen. Ebenso wird es auch keine «faulen Eier» im Paradies geben. Der Himmel wäre dann nicht mehr himmlisch. Es werden nur diejenigen Menschen im Himmel sein, die nach Gottes Maßstab gereinigt und vollkommen gemacht wurden. Somit wird es an diesem Ort auch nur solche Menschen geben, die von Gottes vollkommener Liebe erfüllt sind.

Zur Vertiefung und Kontemplation

Wenn der Himmel vollkommen ist – wäre er es immer noch, wenn Sie gerade jetzt hineingehen würden?

Ist Ihr Leben bereinigt? Haben Sie reine Motive? Ein reines Herz?

Was haben die vorherigen Fragen bei Ihnen ausgelöst? Gefühle der Unsicherheit, Traurigkeit, Wut oder im Gegenteil: tiefen inneren Frieden und Freude?

Notizen

Wie ist es möglich, Gott zu lieben?

In seiner Bergpredigt erwähnt Jesus, dass diejenigen Gott erkennen werden, die reinen Herzens sind.[23] Die Frage ist somit: Wie können wir Menschen ein reines Herz bekommen? Was ist zu tun, um Gottes Maßstäben genügen zu können?

Damit ist auch die Frage verbunden, ob es überhaupt möglich ist, aus eigenem menschlichem Antrieb heraus Gott lieben zu können. Dass so etwas im Rahmen der Selbstgerechtigkeit nicht möglich ist, dies musste letztlich auch Veri Schmid erfahren.

Beispiel 12

Xaver Schmid, auch Veri genannt, ist ein echtes Original aus der Zentralschweiz. Er gehörte zu denen, die sich gerne mal einen Spaß leisteten, oftmals auch einen derben, jedoch «nie einer Fliege etwas zuleide tun würden», wie er selber

[23] Matthäus 5,8.

sagt. Veri gehörte zu denen, die – wenn es gerade mal nötig war – auch zur Kirche gingen. «Ein ganz so übler Kerl war ich jedoch nicht», meint er, «und deshalb hatte ich es als Katholik auch nicht nötig, ständig zur Beichte zu gehen.»

Der Tag kam, an dem Veri an einem meiner Heilungsseminare in Pura im sonnigen Kanton Tessin teilnahm. «Dem liebenswürdigen Angebot meines Sohnes und seiner Frau, die mir den ganzen Aufenthalt und die Seminarkosten bezahlten, konnte ich nicht mehr widerstehen», gibt er heute zu Protokoll. Vor allem aber empfand er das, was er dort hörte, als «geistige Vollnahrung». Es habe sich dabei «nicht um etwas Albernes» gehandelt.

Sein Glaube wurde in diesen Seminartagen zunehmend erneuert. Bisher betete er nur seine Vaterunser oder andere Gebetslitaneien durch. «Inzwischen durfte ich lernen, dass man mit Jesus wie mit einem Freund reden kann. Ebenso wurde mir aber auch bewusst, dass ich vor Gott schuldig bin und nur deshalb Vergebung bekomme, weil Jesus für mich am Kreuz sein Leben ließ.»

Veri hatte, obwohl bereits einundsiebzigjährig, zum ersten Mal begriffen, dass sein ganzer Lebensstil nach Gottes Maßstäben nicht genügt. Bis zu diesem Zeitpunkt dachte er nämlich, dass

> gewisse Gedanken durchaus «völlig harmlos» sind. Heute weiß er, dass er niemals aus sich selber heraus ein guter Mensch sein kann. «Mehr denn je sehe ich ein, wie verkehrt da und dort meine Gedanken sind.»

In diesem Zusammenhang zitierte Jesus innerhalb seiner bekannten Bergpredigt einige ganz interessante Worte: «Ihr wisst, dass unseren Vorfahren gesagt worden ist: ‚Du sollst nicht morden! Wer einen Mord begeht, soll vor Gericht gestellt werden.' Ich aber sage euch: Schon wer auf seinen Bruder oder seine Schwester zornig ist, gehört vor Gericht. Wer zu seinem Bruder oder seiner Schwester sagt: ‚Du Idiot', gehört vor das oberste Gericht. Und wer zu seinem Bruder oder seiner Schwester sagt: ‚Geh zum Teufel', gehört ins Feuer der Hölle.»[24]

Jesus zeigt hier eindeutig auf, dass die Sünde in unseren Gedanken beginnt. Nach Gottes Maßstab sind Mordgedanken bereits Mord, so wie ehebrecherische Gedanken bereits Ehebruch sind, da dieser im Herzen und nicht erst im Bett beginnt.[25]

Dort, wo wir uns bewusst und aufrichtig diesen Tatsachen stellen, kann Reinigung und Heilung in unseren Herzen entstehen. Wenn wir uns jedoch weigern, diese christlichen Grundwahrheiten anzuerkennen, wird sich

[24] Matthäus 5,21–22.
[25] Matthäus 5,27–28.

bestenfalls der Stolz in unseren Herzen ausbreiten. Für unseren Egoismus, mit dem wir immer wieder zu kämpfen haben, sind solche Erkenntnisse wie eine kalte Dusche. Dort aber, wo wir den Mut haben, in den Spiegel unseres wahren Ichs zu blicken, respektive uns Zeit dafür einräumen, damit Gott in uns wirken kann, werden große Dinge passieren. Wer bereit ist, Hilfe anzunehmen, steht besser da als derjenige, der sie verweigert. Der weise Salomo sagte vor rund dreitausend Jahren: «Wer zugrunde gehen soll, der werde zuvor stolz; und Hochmut kommt vor dem Fall.»[26] Jesus wiederum sagt: «Nicht die Gesunden brauchen den Arzt, sondern die Kranken. Ich bin nicht gekommen, solche Menschen in Gottes neue Welt einzuladen, bei denen alles in Ordnung ist, sondern solche, die Gott den Rücken gekehrt haben. Sie soll ich dazu aufrufen, ihr Leben zu ändern.»[27]

Zur Vertiefung und Kontemplation

Betrachten Sie die folgende grafische Darstellung. Der Kreis bedeutet Ihr Innenleben. Wie heißen die dunklen Punkte oder Schatten in Ihrem Leben?

[26] Sprüche 16,18 nach der Luther-Übersetzung 1984.
[27] Lukas 5,31–32.

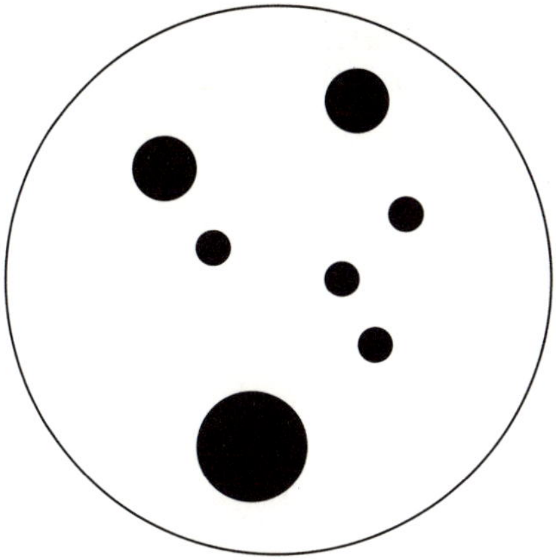

Notizen

Jesus Christus war bereit, bei seiner Kreuzigung alle dunklen Punkte* und Schatten* aller Menschen auf sich zu nehmen (*in der Bibel Sünden genannt).

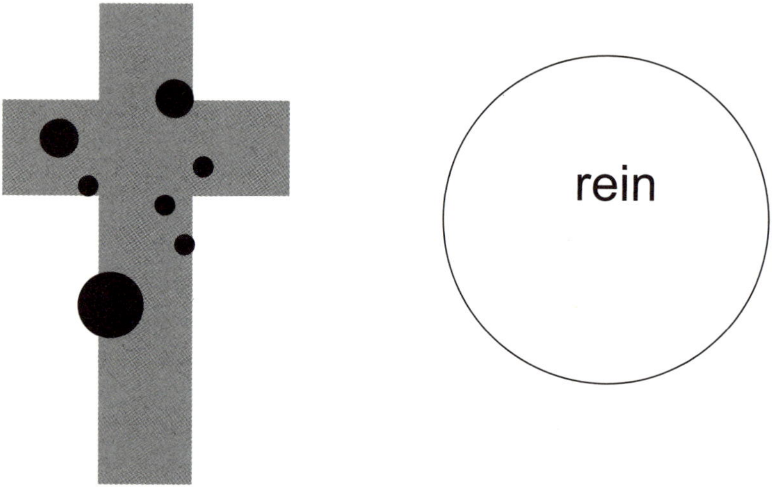

Sprechen Sie mit Jesus Christus gerade jetzt und bitten Sie ihn darum, Ihr Leben zu reinigen und Ihre dunklen Punkte und Schatten – auch sämtliche Krankheiten und Süchte – ebenfalls auf sich zu nehmen.

Wenn Sie dies getan haben und es aufrichtig meinen, dann ist Ihnen alle Ihre Schuld vergeben worden, und die göttliche Kraft und Heilung fließen nun durch Ihren Körper. Dies ist Realität, nicht weil Sie es so fühlen, sondern weil Gott es in seinem Wort, der Bibel, so versprochen hat.

«Leben wir aber im Licht, so wie Gott im Licht ist, dann sind wir miteinander verbunden, und das Blut, das sein Sohn Jesus für uns vergossen hat, befreit uns von jeder Schuld. Wenn wir behaupten, ohne Schuld zu sein, betrügen wir uns selbst, und die Wahrheit lebt nicht in uns. Wenn wir aber unsere Schuld eingestehen, dürfen wir uns darauf verlassen, dass Gott Wort hält: Er wird uns dann unsere Verfehlungen vergeben und alle Schuld von uns nehmen, die wir auf uns geladen haben.»[28]

Das neue Leben

Eine Generalreinigung, so wie ich sie oben beschrieben habe, kann in unserem Leben sehr wertvoll sein. Doch kann ein einziges Gebet unser Leben radikal verändern? Bleibt unser Herz dann wirklich rein? Nein, dieses Vakuum muss aufgefüllt werden!

Somit kommen wir nun zur nächsten wichtigen Frage: Wie können wir uns die Wesensart, so wie Jesus sie uns vorlebte, in unserem persönlichen Leben zu eigen machen?

Dies geschieht dadurch, dass wir Jesus Christus einladen, in unser Leben zu kommen und die Führung und Leitung in unserem Leben zu übernehmen. Denn «die

[28] 1. Johannes 1,7–9.

ihn aber aufnahmen und an ihn glaubten, denen gab er das Recht, Kinder Gottes zu sein. Das wurden sie nicht, weil sie zu einem auserwählten Volk gehörten, auch nicht durch menschliche Zeugung und Geburt. Dieses Leben gab ihnen allein Gott.»[29]

[29] Johannes 1,12–13 nach der Übertragung «Hoffnung für alle».

Die Charaktereigenschaften echter Liebe

Wenn wir Jesus genau betrachten, so sehen wir in ihm das Wesen und den Charakter des himmlischen Vaters. Jesus selber drückte es so aus: «Wer mich gesehen hat, hat den Vater gesehen.»[30] Jesus widerspiegelt in jeder Hinsicht die Wesenszüge Gottes. Wer wissen will, wie Gott wirklich ist, der kommt an Jesus nicht vorbei. In seinem Brief an die Philipper schreibt Paulus in wenigen Worten, wer Jesus genau ist und welche Bedeutung er hat. Es ist die vielleicht kürzeste und zugleich treffendste Biografie Jesu: «Er war in allem Gott gleich, und doch hielt er nicht gierig daran fest, so wie Gott zu sein. Er gab alle seine Vorrechte auf und wurde einem Sklaven gleich. Er wurde ein Mensch in dieser Welt und teilte das Leben der Menschen. Im Gehorsam gegen Gott erniedrigte er sich so tief, dass er sogar den Tod auf sich nahm, ja, den Verbrechertod am Kreuz. Darum hat Gott ihn auch erhöht und ihm den Rang und Namen verliehen, der ihn hoch über alle stellt. Vor Jesus müssen alle auf die Knie fallen – alle, die im Himmel sind, auf der Erde und unter der

[30] Johannes 14,9.

Erde; alle müssen feierlich bekennen: ‚Jesus Christus ist der Herr!' Und so wird Gott, der Vater, geehrt.»[31]

Eines Tages lehrte Jesus: «Mein Vater gibt euch das wahre Brot vom Himmel. Das wahre Brot Gottes ist das, was vom Himmel herabsteigt und der Welt das Leben gibt.» Daraufhin sagten seine Zuhörer: «Herr, gib uns immer von diesem Brot.» Jesus sagte daraufhin: «Ich bin das Brot, das Leben schenkt. Wer zu mir kommt, wird nie mehr hungrig sein. Wer sich an mich hält, wird keinen Durst mehr haben. Aber ich habe es euch bereits gesagt: Obwohl ihr meine Taten gesehen habt, schenkt ihr mir keinen Glauben. Alle, die mein Vater mir gibt, werden zu mir kommen, und niemand, der zu mir kommt, wird von mir abgewiesen. Ich bin vom Himmel gekommen, nicht um zu tun, was ich will, sondern um zu tun, was der will, der mich gesandt hat. Und er will von mir, dass ich niemanden von denen verliere, die er mir gegeben hat.»[32]

Die mit Bestimmtheit stärkste Charaktereigenschaft von Jesus war, dass er keine Ehre für sich selber in Anspruch nahm. Bei ihm stand immer der Vater, der ihn gesandt hatte, im Zentrum. Wir stehen in jedem Fall auf der richtigen Seite, wenn auch wir nicht Ehre für uns selber in Anspruch nehmen. Für Jesus war auch nicht wichtig, was andere über ihn dachten. Egal, ob die Menschen ihm gegenüber positiv oder negativ eingestellt waren – er

[31] Philipper 2,6–11.
[32] Johannes 6,32–29.

richtete sein Augenmerk auf den Willen seines Vaters aus.

Ich kenne einen Mann, der – nachdem er Jesus persönlich begegnet ist – eine derartige positive Veränderung erleben durfte, dass sein ganzes Leben von diesen Charaktereigenschaften Jesu buchstäblich durchdrungen wurde. Über Rainer Jahn, einen ehemaligen Atheisten, der in der Deutschen Demokratischen Republik (DDR) aufgewachsen ist, gibt es einiges zu berichten.

Beispiel 13

Eigentlich ist er schon ein Original, dieser Rainer. Wer diesem stabil gebauten Mann, seines Zeichens Busfahrer, begegnet, stößt auf einen eindrücklichen Erzähler, dem man stundenlang zuhören könnte. Er ist eine interessante Persönlichkeit, einerseits ruhig und nachdenklich, andererseits ein angenehmer und humorvoller Zeitgenosse.

Was Rainer schon seit seiner frühesten Kindheit auszeichnete, war ein enorm ausgeprägter Gerechtigkeitssinn. Seiner Ansicht nach hatten nur die Lieben, die Guten und die Ehrlichen das Recht, ein Leben auf dieser Erde zu führen. Er war deshalb bereits in frühen Jahren zutiefst davon überzeugt, dass er – der ja nichts anderes als ein Friedensstifter sein wollte – all das, was er als «böse» oder «ungerecht» empfand, zu hassen oder gar wegzuwünschen hatte. Wo es seines Erachtens nötig war, teilte er gerne auch mal Ohrfeigen aus. «Wenn gewisse Leute sich nicht so verhielten, wie ich wollte, langte ich hin», erzählt er mir. Schon bald einmal war klar, dass man mit dem Rainer Jahn nicht einfach das machen konnte, was man gerade wollte. Er war derjenige, der den Tarif durchgab. «Das sollten sich die anderen endlich einmal merken!»

Wenn Rainer heute über seine Vergangenheit in der damaligen DDR spricht, so erwähnt er dabei auch die Heuchelei derer, die dort die Macht und das Sagen hatten. Schon früh fielen ihm gewisse Widersprüchlichkeiten im dortigen System auf, die er nicht akzeptieren wollte. In ihm bildete sich eine Rebellion gegen jede Art von Betrug und Ungerechtigkeit. «Natürlich war klar, dass auch ich ohne Heuchelei in unserem sozialistischen Staat gar nicht existieren konnte. Als ich erwachsen war, schloss ich mich rein äußerlich zwar der Partei an, zutiefst in mir war ich jedoch alles andere als ein feuriges Mitglied. Die konnten mich alle mal! Ich wollte nur eines: so rasch wie möglich als Fernfahrer in den Westen reisen, um damit – wie ich damals glaubte – den Duft der Freiheit ein wenig kennen lernen zu können.»

Westliche Luft zu schnuppern war allerdings nicht das Einzige, das Rainer faszinierte. Er war im tiefsten Grunde seines Herzens ein ausgeprägter Materialist. Somit hatte er längerfristig keine geringere Absicht, als viel Kohle zu machen. «Das Geld war mein Gott. Ich hätte für Geld und für das, was ich für Gerechtigkeit hielt, sogar als Auftragskiller gearbeitet, wenn man mir damals ein entsprechendes Angebot unterbreitet hätte», gibt er zu Protokoll. «Natürlich nur dann, wenn ich es mit meinem sehr ausgeprägten Gerechtigkeitssinn hätte vereinbaren können.» Auf der «Abschussliste» von Rainer wären somit keine unschuldigen Frauen und Kinder gestanden, sondern vielmehr «diese elenden Halunken, Lebemänner, Zuhälter und korrupten Politiker und Wirtschaftsbosse, die – nach meinem Verständnis – ja nur heuchelten und absahnten. Mich drängte es damals einfach dazu, für Recht und Ordnung einzustehen. Wenn nötig auch mit Gewalt.»

Die Widersprüchlichkeiten, die diesem Verhalten zugrunde lagen, fielen Rainer erst gar nicht auf. Er merkte auch nicht, dass die politische und wirtschaftliche Heuchelei, die er zwar abgrundtief verurteilte, letztlich sogar seine eigene Lebensweise bestimmte. Das, worüber er sich ärgerte, wurde zum eigenen Lebensprinzip. Was für ein Widerspruch!

Die Jahre zogen ins Land. Die Berliner Mauer wurde gestürzt, und Rainer lebte schon seit einiger Zeit im Westen, als ihm eines Tages ein Mann, der wie ein Zuhälter aussah, ein verlockendes Geschäftsangebot machte. Dieser wollte an der Ostküste Kenias ein bestehendes Hotel kaufen und versprach Rainer einen hohen Gewinnanteil. «In mir leuchteten alle Lampen auf Rot. Dennoch sagte ich zu diesen inneren Stimmen: Seid still, ihr Alarmglocken! Ich will jetzt ein Geschäft machen!» Rainer, der inzwischen einiges an Erspartem hatte beiseite legen können, händigte diesem Mann im Vertrauen auf dessen Redlichkeit ganze dreiundvierzigtausend Mark in bar aus. «Obwohl ich noch immer ein äußerst unangenehmes Gefühl in mir hatte, war doch meine Gier nach großen künftigen Gewinnen viel stärker.»

Nach kurzer Zeit merkte Rainer, dass er einem Betrüger auf den Leim gegangen war. Das Hotel, von dem der Gauner behauptete, es sei abgebrannt, hatte gar nie existiert. Rainer beschloss spontan, selber nach Afrika zu fliegen, dort nach dem Rechten zu sehen und sein Geld wieder zurückzuholen. Dort engagierte er zwei harte österreichische Burschen der übelsten Sorte sowie einen deutschen Helfer. Obwohl der Betrüger eine falsche Fährte gelegt hatte, fand er diesen wenige Tage nach seiner Ankunft. Rainer und seine drei Männer besprachen gerade das weitere Vorgehen in einem Restaurant in Mombasa, als der Typ plötzlich auf der Bildfläche erschien. Niemand hatte damit gerechnet. Sofort stürzten die drei muskulösen Männer auf den Betrüger zu und schnitten ihm vorerst jede Fluchtmöglichkeit ab. Im anschließenden Gespräch erklärte der Typ, dass das Geld schlichtweg nicht mehr vorhanden sei, was Rainer ihm natürlich nicht glaubte. Auch das Hinzuziehen der kenianischen Polizei brachte keine Lösung. Diese hat Rainer weder geholfen, noch kam das Gesetz zum Tragen. Somit kam schließlich der Augenblick, wo der Betrüger sich erneut absetzte.

«In mir wurde nun eine enorme Wut freigesetzt, weil ich mich völlig hilflos fühlte. Die, welche mir zu meinem Recht hätte verhelfen müssen, nämlich die örtliche kenianische Polizei, tat nichts», so Rainer. «Jetzt war mein Jagdinstink auf hundertachtzig! Ich suchte in den folgenden Tagen in den übelsten Vierteln der Stadt nach diesem Gauner. Ich kam mir vor wie der Terminator, der mit seinen Suchaugen den hintersten und letzten Winkel durchleuchtet. Falls mir dieser elende Schurke vor mein Gesicht treten sollte, würde ich ihn fertig machen. Dies war für mich völlig klar.» Kurz darauf nahm Rainer eine Flasche zur Hand und füllte sie bei einer Tankstelle mit Benzin. Seine Absicht war, den Betrüger zu finden, ihm ein Ultimatum zu stellen und ihn – falls er die Bedingungen nicht erfüllte – mit dem Treibstoff zu übergießen und anzuzünden.

Nach drei Nächten intensiver Suche in allen berüchtigten Bars und Spelunken wurde der gesuchte Verbrecher endlich gestellt. Aber was war das? Auf einmal war jede Form von Rachedurst wie weggeblasen. «Ich konnte ihm nichts antun. Der Killerinstinkt und die schlechten Gedanken, denen ich mich über längere Zeit schon ausgesetzt hatte, waren einfach nicht mehr da. So etwas hatte ich noch nie erlebt. Einerseits stand der Betrüger nun vor mir, und ich hätte Selbstjustiz üben können; andererseits war ich nicht fähig dazu.» Die Konsequenz daraus war, dass Rainer unverrichteter Dinge wieder ins nächstbeste Flugzeug stieg und zurück nach Deutschland flog.

«Die Maschine war soeben gestartet, als zusätzlich zu den Erfrischungsgetränken auch aktuelle Zeitungen verteilt wurden. Es war die Zeit, in der man täglich über Unruhen im Kosovo lesen konnte. Was ich jetzt aber hier las, das sprengte jeden Rahmen. Da war zu lesen, wie Hunderte von Frauen und Kindern vergewaltigt, missbraucht und getötet wurden. Wieder so ein Schicksal unschuldiger Menschen, das mich zutiefst berührte. Ich brach mitten im Flieger in einen Weinkrampf aus. Was war das doch für eine ungerechte, verlogene und trügerische Welt!»

Während mehrerer Jahre hatte sich bei Rainer alles angestaut. Jetzt jedoch brach der Damm, und die Tränen flossen nur noch so. «Auf einmal wurde mir bewusst, dass ich im Grunde genommen ein äußerst feinfühliger Mensch war», berichtet er weiter. «Die Ungerechtigkeit in dieser Welt beschäftigte mich immer. Dennoch versuchte ich diese Sensibilität immer wieder zu unterdrücken. Ich wollte stark sein, nicht schwach. Um damals in der DDR überleben zu können, war kein Schwachsein angesagt. Aber auch später, im freien Westen, ging der Überlebenskampf weiter. Möglicherweise war es in der Bundesrepublik sogar noch härter für mich, wenn auch auf einer ganz anderen Ebene.»

Seit diesem einen Erlebnis im Flugzeug begann sich bei Rainer einiges zu verändern. Während der folgenden Jahre begann er sich immer mehr für geistige Dinge zu öffnen. Dabei suchte er an den unterschiedlichsten Orten. Es sollten jedoch noch mehrere Jahre vergehen, bis er sein Ziel erreichte. Rainer versuchte dabei ständig, seine negativen Charakterzüge in den Griff zu bekommen, was jedoch nur begrenzt gelang. Irgendwann holte ihn die Vergangenheit immer wieder ein. «Erst als ich mich auf Jesus und seine Liebe einließ, begann sich alles zu ändern. Ich erfuhr seine ganz persönliche Liebe zu mir dermaßen stark, dass ich innerlich innerhalb weniger Tage völlig verändert und gelöst wurde.» Heute lautet einer von Rainers Lieblingsversen aus der Bibel: «Die Wahrheit wird euch frei machen.»[33] Diese Freiheit liebt er heute über alles.

Gott ist imstande, Menschen völlig zu verändern. Ein Ölkönig kann seinen Namen unter ein Schreiben setzen – und es ist Millionen wert: Das ist ein Kapital. Ein Mechaniker wiederum kann aus einem Stück Stahl im Wert von fünf Euro Werkzeug für hundert Euro anfertigen: Das ist Können. Andererseits kann ein Maler für fünfzig Cent Leinwand kaufen und ein Gemälde darauf malen, das zehntausend Euro kostet: Das ist Genie. Gott aber kann ein wertloses, sündiges Leben nehmen und einen völlig neuen Menschen daraus machen: Das ist ein Wunder!

Nur der kann wirklich echt lieben, der zuvor echte und wahre Liebe empfangen hat. Das ist die einzige Möglichkeit, wie ein Mensch lieben kann, ohne dabei auszubrennen. Erst wenn Gottes Liebe unsere Herzen durchflutet, können wir aus dem Vollen schöpfen. Gottes Liebe ist nicht abhängig davon, wer oder was wir sind, sondern er gibt, gibt und gibt immer mehr … Einen sehr treffenden

[33] Johannes 8,32.

Text, der dies unterstreicht, hat seinerzeit der Apostel Johannes in seinem ersten Brief geschrieben:

Ihr Lieben, wir wollen einander lieben, denn die Liebe kommt von Gott! Wer liebt, hat Gott zum Vater und kennt ihn. Wer nicht liebt, hat Gott nicht erkannt; denn Gott ist Liebe. Dadurch ist Gottes Liebe unter uns offenbar geworden, dass er seinen einzigen Sohn in die Welt sandte. Durch ihn wollte er uns das neue Leben schenken. Das Einzigartige an dieser Liebe ist: Nicht wir haben Gott geliebt, sondern er hat uns geliebt. Er hat seinen Sohn gesandt, damit er durch seinen Tod Sühne leiste. Ihr Lieben, wenn Gott uns so sehr geliebt hat, dann müssen auch wir einander lieben. Niemand hat Gott je gesehen. Aber wenn wir einander lieben, lebt Gott in uns. Dann hat seine Liebe bei uns ihr Ziel erreicht. Dass wir in Gott leben und er in uns, wissen wir, weil er uns Anteil an seinem Geist gegeben hat.

Wir haben es selbst gesehen und sind Zeugen dafür, dass der Vater seinen Sohn gesandt hat als den Retter der Welt. Wer sich zu Jesus als dem Sohn Gottes bekennt, in dem lebt Gott und er lebt in Gott. Wir jedenfalls haben erkannt und halten im Glauben daran fest, dass Gott uns liebt. Gott ist Liebe. Wer in der Liebe lebt, lebt in Gott und Gott lebt in ihm.

Auch darin hat die Liebe Gottes bei uns ihr Ziel erreicht, dass wir dem Tag des Gerichts voller Zuversicht entgegensehen; denn so wie Christus mit dem Vater verbunden ist, so sind ja auch wir es mit der Welt. Denn die Liebe kennt keine Angst. Wahre Liebe vertreibt die Angst. Wer Angst hat und vor der Strafe zittert, bei dem hat die Liebe ihr Ziel noch nicht erreicht. Wir lieben, weil Gott uns zuerst geliebt hat.[34]

Ein Dreizehnjähriger antwortete auf die Frage: «Wie stellst du dir Gott vor?» – «Ich stelle ihn mir als jemanden vor, der es schafft, Milliarden von Menschen so lieb zu haben, als wären es seine Einzelkinder.» – Was für eine exzellente Aussage! Treffender könnte man den wohl wesentlichsten Charakterzug Gottes kaum umschreiben.

Gott drängt uns seine Liebe nicht auf, aber er sehnt sich danach, sie uns weiterzugeben. «So, wie der Vater dem verlorenen Sohn entgegenläuft, wie die Frau, die verzweifelt nach dem verlorenen Groschen, oder der Hirte, der nach dem verlorenen Schaf sucht – so streckt Gott in seiner großen Liebe die Arme nach uns aus und sehnt sich danach, dass wir nach Hause kommen zu ihm», sagt Richard Foster. Und ebenso wünscht sich Gott, dass wir zu Menschen werden, die seine Liebe anderen in selbstloser Weise weitergeben.

Damit dies gelingt, ist es notwendig, dass wir unser Herz Jesus Christus übergeben, so dass er uns mit einem neuen Herzen beschenken kann. Wir werden unser Herz nie aus eigener Kraft erneuern können. Bitten Sie ihn

---

[34] 1. Johannes 4,7–19.

doch gerade jetzt darum. Er wird daraufhin beginnen, Sie zu verändern.

Ich habe im Folgenden versucht, anhand der Bibel die wesentlichsten Charaktereigenschaften von Jesus herauszufinden. Die genaue Reihenfolge ist dabei weniger entscheidend als die Frage, inwiefern unser Leben von diesen Merkmalen geprägt ist. Den Test, ob wir wirklich Liebende in dem Sinne sind, wie Gott es sich wünscht, kann jeder Einzelne anhand der unten aufgeführten zwanzig Charaktereigenschaften selber durchführen. Wenn die folgenden Punkte in unserem Leben nicht vorhanden sind, so gehören wir auch nicht zu denen, die im Geist von Jesus lieben. Für einen längerfristigen Erfolg benötigen wir deshalb den Charakter von Jesus. Denn der Schlüssel zum Herzen der Menschen wird nie unsere Klugheit, sondern immer unsere Liebe sein. Wer so lieben will, wie Jesus es tat, tut gut daran, einige im Neuen Testament aufgezeichnete Charaktereigenschaften zu berücksichtigen. Ich möchte hier auf die wesentlichsten kurz eingehen.

Charaktereigenschaft Nr. 1: unsere Liebe zu Jesus

Wahre und andauernde Liebe ist immer auch eine Frage der Beziehung. Dort, wo wir als einzelne Menschen mit Gott zusammen in ein neues Leben starten, beginnt dieses immer mit einer Geburt. «Nur wer von oben her geboren wird, kann Gottes neue Welt zu sehen bekommen»,[35] sagt Jesus. Erst wenn die Verwandlung, die damit verbunden ist, bei uns passiert ist, werden wir wirklich fähig sein, unsere Mitmenschen mit göttlicher Liebe zu lieben. Deshalb gilt: «Nur wenn du von seiner Liebe geschmeckt hast, kannst du sie auch weitergeben» (Jackie Pullinger-To).

Bevor wir die Menschen um uns herum lieben können, müssen wir erst einmal erfassen, was es heißt, Jesus zu lieben. Denn unsere Liebe Jesus gegenüber hat all den daraus resultierenden praktischen Liebesbeweisen voranzugehen. Dort, wo ein Mensch bewusst sagen kann, dass er in seinem Leben eine von Gott gewirkte Neugeburt erlebt hat, wurde – wie Paulus es ausdrückt – «die Liebe Gottes durch den Heiligen Geist ins Herz ausgegossen».[36]

Unsere Liebe zu Jesus hat positive Folgen, denn dadurch wird das Leben zunehmend konstruktiv verändert, was sich wiederum an unseren Charaktereigenschaften zeigt. Der deutsche Theologe Helmut Thielicke drückt es so aus: «Wir sind das, was Gottes Liebe aus uns macht.» Je mehr wir uns für Gottes Liebe öffnen, umso stärker wird unsere Liebe zu Jesus zunehmen. Es gibt keine Kraft, auch keine negative, die stärker ist als die Liebe Gottes. «Der Schnee schmilzt im Frühling. Er kann die Sonnenstrahlen

---

[35] Johannes 3,3.
[36] Römer 5.5.

nicht zerstören. Genauso wenig kann das Böse die Liebe zerstören», sagt Richard Wurmbrand, ein ehemaliger Märtyrer, der ganze vierzehn Jahre lang in kommunistischen Gefängnissen und Lagern harten Folterungen und Demütigungen ausgesetzt war. Dennoch hatte das Negative letztlich keine Macht über seinen Glauben an Jesus Christus. Die Liebe siegte, und Wurmbrand erhielt durch sie sogar die Kraft, selbst seinen eigenen Peinigern einige kräftige Portionen davon weitergeben zu können. Wenn Jesus die Gelegenheit erhält, ein Menschenleben zu verändern, so wird die Liebe immer ihren Triumph davontragen. Der Mystiker und Schriftsteller Wurmbrand gibt seine Wahrheiten zum Thema Liebe gerne mit viel Überzeugung weiter: «Jede Sekunde meines Lebens, die ich nicht der Zerstörung dessen widme, was der Liebe im Wege steht, sondern für andere Dinge verschwende, ist Sünde», lautet eines seiner markanten Zitate.

Charaktereigenschaft Nr. 2: Liebe zur Wahrheit und zur Gerechtigkeit

Adolf Hitler nannte die Wahrheit «eine oft wiederholte Lüge», und gemäß dem damaligen englischen Politiker Sir Winston Churchill «können nur Kinder, Narren und sehr alte Leute es sich leisten, die Wahrheit zu sagen». Jesus lehrte ganz etwas anderes: «Wenn ihr bei dem bleibt, was ich euch gesagt habe, und euer Leben darauf gründet, seid ihr wirklich meine Jünger. Dann werdet ihr die Wahrheit erkennen, und die Wahrheit wird euch frei machen.»[37]

Wahrheit macht frei! Aber Wahrheit erhält ihre wirkliche Kraft erst durch die göttliche Liebe. Die richtige Sichtweise dessen, was göttliche Wahrheit ist, kann nur dann erfolgen, wenn auch Gott dabei einbezogen wird. Und noch etwas: «Eine Wahrheit kann erst wirken, wenn der Empfänger für sie reif ist» (Christian Morgenstern).

Wer von sich sagt, dass er ein wahrheitsliebender Mensch ist, der muss auch hassen können. Liebe und Hass gehören eng zusammen, wenn es um Wahrheit und Gerechtigkeit geht. Wir können nur dann die Wahrheit lieben, wenn wir gleichzeitig die Lüge hassen. «Die halbe Wahrheit ist die gefährlichste Lüge», lautet ein jüdisches Sprichwort. Das Licht verträgt sich niemals mit der Finsternis. Ebenso wenig kann ein Mensch, der die Gerechtigkeit liebt, sich auf krumme Wege begeben. Das wäre ein völliger Widerspruch. Deshalb erfordert die Liebe zur Wahrheit, dass wir jede Form der Heuchelei meiden respektive sogar hassen.

Wir können die Wahrheit nur dann in Liebe gegenüber anderen aussprechen, wenn unser Herz dabei rein ist. «Freuen dürfen sich deshalb alle, die im Herzen rein sind

[37] Johannes 8,31–32.

– sie werden Gott sehen»,[38] versichert Jesus. Ein weiterer wichtiger Wesenszug ist …

Charaktereigenschaft Nr. 3: reine und echte Freude

«Eine Freude vertreibt hundert Sorgen», lautet eine chinesische Weisheit. Ergänzend dazu sagte Mutter Teresa: «Wer voller Freude ist, predigt, ohne zu predigen.» Man glaubte dieser selbstlosen Frau, da ihr diese Aussage während ihrer Lebzeiten buchstäblich ins Gesicht geschrieben stand. Anspruchslose Menschen sind immer an der Quelle der Freude. «Ich machte die Erfahrung, dass ich umso größeren Gewinn und mehr Freude für mein Inneres empfing, je weniger ich für mich ausgab und je mehr ich anderen schenkte», sagte seinerzeit Hudson Taylor, Gründer der ersten christlichen Missionsarbeit im damaligen Zentralchina.

Es gibt tatsächlich kaum etwas Schöneres, als andere Menschen mit Freude beschenken zu dürfen. «Ich wollte mich selbst vergessen, um anderen Freude zu machen, von da an war ich glücklich», lautet ein Zitat der Karmeliterin Thérèse de Lisieux.

Nicht Schadenfreude, sondern reine echte Freude ist angesagt. Denn «die Freude am Herrn ist unsere Stärke»

[38] Matthäus 5,8.

(Nehemia 8,10). Und «diejenigen, die auf Gott sehen, deren Angesicht wird strahlen vor Freude» (Psalm 34,6). Jesus möchte in uns eine mächtige Freisetzung in Bezug auf Freude bewirken!

Ich meine keineswegs, dass wir dabei nicht auch die Probleme, die uns umgeben, mit den Augen der Realität sehen dürfen. Wahre Freude brauchen wir uns nicht im Sinne positiver Denkmechanismen einzureden. Und ebenso wenig braucht es dafür ein Seminar, geschweige entsprechende Unterlagen. Wir sind dann im Besitz echter Freude, wenn sie sämtliche Lebensbereiche durchdringt. «Ich frage mich doch nicht jedes Mal, wenn ich die Zähne putze: Habe ich jetzt Freude dabei?», stellt mein ehemaliger Dozent, der Schweizer Theologe Dr. Armin Mauerhofer, mit einem herzhaften Lachen fest.

Charaktereigenschaft Nr. 4: ein tiefer innerer Friede

Mehrere Jugendliche wurden kürzlich im Rahmen einer Meinungsforschung gefragt, was sie sich für die Zukunft am meisten wünschten. Einige wenige setzten auf «eine gesicherte berufliche Zukunft», andere wiederum auf «einen treuen Partner». Die meisten jedoch wünschten sich «mehr Frieden in dieser Welt» und vor allem «weniger Kriege». Anhand der gegebenen Antworten wurde dabei eines besonders ersichtlich: Die Zukunft macht vielen Angst. Ein Friede aber, der auf Angst beruht, ist letztlich nichts anderes als ein unterdrückter Krieg.

Über den Frieden in unserer Welt, wie Politiker, Denker und Philosophen ihn sehen, kann man durchaus unterschiedlicher Meinung sein. Der damalige US-Präsident John F. Kennedy sagte: «Es gibt keine Alternative zum Frieden.» Der italienische Politiker Silvio Berlusconi wiederum behauptet: «Um den Frieden zu bringen, müssen wir den Krieg mit Krieg bekämpfen.»[39] Demgegenüber stellt die österreichische Erzählerin und Aphoristikerin Marie von Ebner-Eschenbach treffend fest: «Frieden kannst du nur haben, wenn du ihn gibst», wobei allerdings berücksichtigt werden muss, «dass unsere vernunftmäßige Ablehnung des Krieges als Mittel der Politik noch nicht besagt, dass wir friedensfähig sind» (Max Frisch).

Einen ersten Schritt von der Theorie hin zur Praxis wagte seinerzeit der deutsche Philosoph Karl Jaspers: «Die Frage des Friedens ist nicht zuerst eine Frage an die Welt, sondern für jeden an sich selbst», ist er überzeugt. Wir können deshalb nur so viel Frieden weitergeben, wie wir erst einmal selber besitzen. Doch diese Thematik sollte nicht nur politisch diskutiert werden, denn wahrer «Friede ist nicht Abwesenheit von Kampf, aber Anwesenheit von Gott» (Eva von Tiele-Winckler).

---

[39] Zitiert aus dem Bündner Tagblatt vom 12. 11. 01.

Um genau diesen Frieden geht es auch Jesus Christus. Kurz bevor er gekreuzigt wurde, sagte er in einer seiner Abschiedsreden: «Ich gebe euch *meinen* Frieden, nicht den Frieden, den die Welt gibt.»[40] Mit diesen Worten machte Jesus ganz klar eine Trennung zwischen dem Frieden, der von Gott kommt, und dem, den wir Menschen in eigener Kraft zu produzieren versuchen. Göttlicher Friede ist anders. Er entsteht dort, wo wir erfahren haben, was echte Vergebung ist. In diesem Sinne sagte Martin Luther: «Wo Vergebung der Sünden ist, da ist auch Frieden und Seligkeit.» Wem göttliche Vergebung zuteil geworden ist, besitzt einen tiefen inneren Frieden, der Auswirkungen auf das ganze Umfeld hat. «Der Friede Gottes ist schon unter uns», sagt Carl Friedrich von Weizsäcker: «Er ist darin, dass wir lieben können, wie wir geliebt sind.» Sich für den wahren Frieden einzusetzen und andere daran teilnehmen lassen – das ist wahre Lebenserfüllung. Deshalb sagt Jesus: «Freuen dürfen sich alle, die Frieden stiften – Gott wird sie als seine Söhne und Töchter annehmen.»[41]

Frieden in die Herzen der Menschen einzupflanzen – das war schon immer Gottes Absicht. «Ich weiß wohl, was für Gedanken ich über euch habe: Gedanken des Friedens und nicht des Leides, und ich will euch die Zukunft geben, die ihr erhofft.»[42] Ein anderer ermuti-

[40] Johannes 14,27.
[41] Matthäus 5,9.
[42] Jeremia 29,11.

gender Bibelvers zeigt den wahren Herzschlag Gottes auf: «Ich bin der Herr, euer Gott. Ich lehre euch, was gut für euch ist, und zeige euch den Weg, den ihr gehen sollt. Ach, hättet ihr doch meine Gebote befolgt! Dann wäre euer Friede wie ein Strom, der nie versiegt. Euer Glück würde sich ausbreiten wie die Meereswellen.»[43]

Charaktereigenschaft Nr. 5: Freundlichkeit

Eine weitere Charaktereigenschaft, die uns auszeichnet, wenn wir Jesus lieben, ist die Freundlichkeit. Gemäß Mark Twain ist sie «eine Sprache, die Taube hören und Blinde lesen können». Für den Schweizer Carl Hilty, Jurist und Philosoph, war Freundlichkeit ebenfalls ein wesentliches Merkmal bezüglich echten Glaubens. «Das menschliche Leben, wenn es seinen richtigen Zweck haben will, muss ein beständiges Empfangen und Wiedergeben der Freundlichkeit Gottes sein», lautete seine tiefe Überzeugung.

Freundlichkeit und Verständnis anderen Menschen gegenüber gehören zusammen. Im Buch Jesus Sirach, einer apokryphen späten jüdischen Schrift, steht geschrieben: «Wer freundlich redet, der macht sich viele Freunde; und wer wohlwollend spricht, der verbreitet Güte um

[43] Jesaja 48,17–18.

sich.»[44] Da Freundlichkeit zudem auch ein wesentliches Merkmal echter Liebe ist, gilt auch das, was der russische Schriftsteller Fjodor Michailowitsch Dostojewski seinerzeit sagte: «Einen Menschen lieben heißt ihn so sehen, wie Gott ihn gewollt hat.»

Charaktereigenschaft Nr. 6: Hoffnung

«Solange ich atme, hoffe ich», lautet ein lateinischer Spruch. «Ich hoffe, also bin ich», ist die daraus resultierende Folgerung des deutschen Philosophen Ernst Bloch. Und der Schweizer Theologe Emil Brunner ergänzt: «Was Sauerstoff für die Lungen ist, das ist Hoffnung für den Sinn des Lebens.» Für den brasilianischen Theologen Hélder Câmara heißt hoffen, «an das Abenteuer der Liebe glauben, Vertrauen zu den Menschen haben, den Sprung ins Ungewisse tun und sich ganz Gott überlassen».

Es scheint, dass die Hoffnung bereits bei den ersten Christen einen ganz zentralen Stellenwert einnahm. Offenbar war es damals so, dass Christen vor allem deshalb in der Gesellschaft auffielen, weil die Hoffnung sie besonders prägte. Das war wohl auch der Grund, warum Petrus in seinem ersten Brief schrieb: «Seid immer bereit,

[44] Jesus Sirach 6,5.

Rede und Antwort zu stehen, wenn jemand fragt, warum ihr so von Hoffnung erfüllt seid.»[45]

Natürlich können wir nur so viel Hoffnung ausstrahlen, wie wir wirklich besitzen. Deshalb möchte Gott uns auch hier entsprechend auffüllen, so dass wir fähig werden, Jesus und unsere Mitmenschen zu lieben, respektive ihnen das weitergeben können, was heute so dringend benötigt wird: Hoffnung! Denn eine Welt ohne Hoffnung ist eine verlorene Welt, genau gleich wie auch ein Menschenleben ohne Hoffnung kaum mehr lebenswert ist.

Manchmal befinden wir uns in Lebenssituationen, wo es schwierig scheint, Hoffnung zu verbreiten. Doch selbst in Augenblicken, in denen alles trostlos scheint, vermag das helle Licht der Hoffnung etwas Positives auszurichten. Richard Wurmbrand ermutigt: «Wenn in deiner Umgebung alle auch noch so eisig sind, gib die Hoffnung nicht auf! Das Eis kann zerschmelzen, wenn das Feuer der Liebe Jesu in deinem Herzen brennt.»

Charaktereigenschaft Nr. 7: Vertrauen

Das Urvertrauen ist der Eckstein der gesunden Persönlichkeit. Niemals gibt es eine echte Liebe ohne Vertrauen. Wer Jesus lieben will, der muss dazu bereit sein, alle

45 1. Petrus 3,15.

Erwartungen auf Gott zu setzen, denn der wahre Glaube beinhaltet das Vertrauen. Rudolf Affemann bezeichnet Vertrauen als «das zentrale Element von Liebe in allen Formen». Gemäß Otto von Bismarck ist das Vertrauen «eine zarte Pflanze». Entsprechend hält er fest: «Ist es zerstört, so kommt es so bald nicht wieder.»

Der Glaube und das Vertrauen gehören zusammen. Es ist wie bei einer Liebesbeziehung. Wenn wir an die Liebe unseres Gegenübers glauben, so entsteht daraus ein entsprechendes Vertrauen. Ohne dieses ist jede gesunde Beziehung gefährdet. Wenn das Vertrauen Jesus gegenüber uns fremd erscheint, so werden wir ihn niemals aus ganzem Herzen lieben können.

Andererseits begeben wir uns dort, wo wir uns Jesus anvertrauen, auch immer wieder auf ein dünnes Seil. Vertrauen bedeutet nämlich auch, dass wir nicht immer wissen, was Gott mit uns gerade vorhat. Sich ihm ganz anzuvertrauen, das ist ein wagemutiger Schritt. Wir gleichen dabei vielleicht dem kleinen Knirps, der auf der steinernen Mauer steht, ganz kurz «Papa» ruft und sich daraufhin gleich mit der inneren Gewissheit fallen lässt, dass der Vater ihn auf alle Fälle mit seinen kräftigen Armen auffängt. «Das allein bedeutet Glauben: Buchstäblich keinen Boden mehr unter den Füßen und keine Kraft in sich selbst zu haben und dennoch zu vertrauen», stellt Manfred Hausmann lakonisch fest.

Charaktereigenschaft Nr. 8: Treue

Auf das Vertrauen folgt die Treue. Beide Worte haben eine gewisse Seelenverwandtschaft und sind somit eng miteinander verbunden. Treu zu sein ist etwas vom Schönsten, was es gibt. «Wenn einem die Treue Spaß macht, dann ist es Liebe», sagt die amerikanische Filmschauspielerin Julie Andrews. Treue macht tatsächlich Spaß. Und zwar in jeder Hinsicht.

Wenn wir Jesus lieben und ihm gegenüber im Glauben unsere Treue beweisen, so wächst unsere Beziehung zu ihm immer stärker. Dies wird auf keinen Fall ohne Auswirkungen bleiben. Denn Gott belohnt Treue in jedem Fall.

So richtig treu bleiben wir in der Regel nur dem gegenüber, was wir wirklich lieben. Gerade deshalb legt auch Jesus eine entsprechend starke Betonung darauf. «Wer im Geringsten treu ist, der ist auch im Großen treu; und wer im Geringsten unrecht ist, der ist auch im Großen unrecht.»[46] Treue ist somit ein weiteres Kennzeichen wahrer Liebe zu Jesus.

[46] Lukas 16,10 nach der revidierten Luther-Übersetzung.

Charaktereigenschaft Nr. 9: Geduld und Barmherzigkeit

«Jedesmal, wenn das Schaf blökt, verliert es einen Mund voll Futter, und jedesmal, wenn wir uns beklagen, entgeht uns ein Segen», predigte seinerzeit der Engländer Charles Haddon Spurgeon. «Murren ist ein schlechtes Geschäft und bringt nichts ein. Aber die Geduld hat eine goldene Hand. Unsere Leiden werden bald vorüber sein. Nach dem Regen kommt heller Sonnenschein. Auch schwarze Krähen haben Flügel. Jeder Winter verwandelt sich in Frühling. Jede Nacht geht in den Morgen über. Auch ein heftiger Wind legt sich wieder.»

Spurgeon, der so genannte Fürst unter den Predigern, gab zum Thema Geduld jeweils einige ganz markante Sprüche durch. «Freunde, lasst uns unsere Zuflucht nehmen zu Geduld und Wassersuppe, wie die Alten sagten, und nicht stattdessen ins Klagefieber verfallen und auch andere mit derselben Krankheit anstecken, indem wir Gottes Wege in gottloser Weise kritisieren», ermahnte er seine Zuhörer. [47]

Geduld und Barmherzigkeit sind zwei Eigenschaften, die jeden Menschen prägen, der Jesus wirklich liebt. Wer geduldig und barmherzig ist, gibt niemals auf. Gerade dort, wo es um zwischenmenschliche Beziehungen geht, sind diese beiden Eigenschaften von unschätzbarem Wert.

---

47 «Guter Rat für allerlei Leute» von Charles Haddon Spurgeon, Oncken Verlag, Wuppertal und Kassel, 1985.

Der amerikanische Therapeut Gary Chapman hält fest, dass diese Form der Liebe «nicht Buch über die Missetaten des anderen führt». Er hält dabei lakonisch fest: «Sie wärmt keine alten Geschichten wieder auf. Niemand ist schließlich perfekt. Wir geben in der Ehe längst nicht immer unser Bestes. So manches Mal haben wir unseren Ehepartner gekränkt. Wir können das Vergangene zwar nicht ungeschehen machen, aber wir können um Verzeihung bitten und eingestehen, dass es verkehrt war. Versuchen wir, es in Zukunft besser zu machen. Wer seine Fehler bekannt und um Vergebung gebeten hat, hat alles, was in seiner Macht steht, getan, um den Schmerz des andern zu lindern.»

«Ein Augenblick der Geduld kann vor großem Unheil bewahren, ein Augenblick der Ungeduld ein ganzes Leben zerstören», lehrt uns eine chinesische Weisheit. Dort, wo wir anderen gegenüber geduldig und barmherzig sind, wird das Leben in jeder Hinsicht einfacher. Jesus betonte in seiner Bergpredigt ebenfalls die Wichtigkeit dieser Gesinnung, indem er sagte: «Freuen dürfen sich alle, die barmherzig sind – Gott wird auch mit ihnen barmherzig sein.»[48]

[48] Matthäus 5,7.

Charaktereigenschaft Nr. 10: Demut

Was genau ist das eigentlich – Demut? Wer nach einem Synonym für dieses Wort sucht, stößt dabei auf Begriffe wie Erniedrigung, Untertänigkeit, Unterwürfigkeit, Selbstdemütigung, Selbstverleugnung, Gehorsam, Gefügigkeit, Ergebenheit, Hingebung, Fügsamkeit, Ehrerbietung oder auch auf falsche Scham. Was aber ist Demut wirklich? Wenn man dieses Wort auf seine wahre Bedeutung hin untersucht (im Griechischen *tapeinofrosünae*), so könnte man es auch mit «bescheidene Meinung von sich selber haben» übersetzen. Wie hat diese nun aber auszusehen, wenn es um unsere Liebe zu Jesus geht? Stehen da wirklich nur die oben erwähnten Begriffe im Zentrum? Ich denke nicht. Die richtige Selbsteinschätzung würde auf alle Fälle auch beinhalten, dass wir uns als wertvolle Geschöpfe Gottes betrachten. Dort, wo wir uns bewusst dafür entschieden haben, unser Leben von der Liebe von Jesus bestimmen zu lassen, gelten wir als «teuer erkauft». «Gott hat einen hohen Preis gezahlt, um euch freizukaufen», schrieb Paulus seinerzeit in seinem ersten Brief an die Christengemeinde in Korinth.[49] Demütige Menschen sind somit nicht primär solche, die nichts von sich selber halten. Ganz im Gegenteil: Zu wahrer und echter Demut gehört auch ein gesundes Selbstbewusstsein. Wenn wir Jesus lieben und von echter Demut gekennzeichnet sind, so hat dies in keiner Weise etwas mit falscher Bescheidenheit oder verkehrter Untertänigkeit zu tun. Echte und

[49] 1. Korinther 6,20 nach «Hoffnung für alle».

durch Gott gewirkte Demut zieht auch die Tatsache in Betracht, dass Jesus uns für äußerst wertvoll hält.

Es wäre nun aber völlig verkehrt, sämtliche herkömmlichen Deutungen zum Thema Demut einfach zu ignorieren. Richtige Selbsteinschätzung beinhaltet schließlich auch, dass wir Jesus in jeder Hinsicht höher würdigen als uns selber. Gerhard Bergmann, einer der einflussreichsten deutschen evangelikalen Theologen des vergangenen Jahrhunderts drückte es so aus: «Die wahre Größe des Menschen besteht darin, dass er seine Knie vor dem allmächtigen Gott beugen darf.» Wahre Demut bedeutet somit auch Anbetung. Trotz eines gesunden Selbstbewusstseins wird ein demütiger Mensch niemals Ehre für sich selber in Anspruch nehmen. Er wird, wenn seine Liebe zu Jesus im Zentrum steht, das Lob an die Adresse Gottes weitergeben. Denn «wer liebt, ist geduldig und gütig. Wer liebt, der ereifert sich nicht, er prahlt nicht und spielt sich nicht auf.»[50]

Charaktereigenschaft Nr. 11: das Geheimnis gelebter Selbstlosigkeit

«Die wirkliche Liebe beginnt, wo keine Gegenliebe mehr erwartet wird», war eines der markantesten Zitate des französischen Schriftstellers und Fliegers Antoine de

[50] 1. Korinther 13,4.

Saint-Exupéry. Überall, wo Selbstlosigkeit praktiziert wird, da trifft man auch auf diese Qualität der Liebe. Wir können das Wesen Jesu nur dann verstehen, wenn wir nicht mehr in erster Linie für uns selber, sondern für unsere Mitmenschen da sind. Wir sind dazu berufen, uns für andere hinzugeben und nicht für uns selbst! Wo diese Form der Liebe existiert, da werden die positiven sichtbaren Resultate in unserem Umfeld nicht ausbleiben, denn echte Selbstlosigkeit zieht an.

Der wahre Lebenssinn ist dort zu finden, wo wir uns an andere verschenken. Der Weg zur Freude führt über die Selbstlosigkeit. Jesus selber hat uns diese Form der Liebe vorgelebt. Selbst wenn es nur einen einzigen Menschen auf dieser Erde gegeben hätte, der einen Erlöser gebraucht hätte – Jesus wäre selbst für diese eine Person ans Kreuz gegangen.

Charaktereigenschaft Nr. 12: aufopfernde Liebe und Hingabe

Wer Liebe im Sinne von Jesus praktizieren will, kommt an diesem Thema nicht vorbei. «Niemand liebt mehr als der, der sein Leben für seine Freunde opfert», lehrte Jesus seine Jünger.[51] Wenn wir so lieben, wie Gott uns liebt, dann werden wir für andere leben. Wir sind, wenn wir

[51] Johannes 15,13.

die Form der hingebungsvollen und aufopfernden Liebe praktizieren, mehr darüber besorgt, was den Mitmenschen dient, als nur mit uns selber beschäftigt zu sein.

Beispiel 14

Eine besonders heldenhafte Rettungsaktion – so berichteten im Juli 2003 verschiedene Medien[52] – ereignete sich vor einigen Jahren in Italien an der adriatischen Küste. Der vierundvierzigjährige Don Stefano Gorzegno fuhr mit dreißig seiner Gemeindemitglieder aus Boiano zu einem Ausflug an den italienischen Badeort Termoli ans adriatische Meer. Trotz hoher Wellen gingen gegen 10.40 Uhr rund fünfzehn Kinder ins Wasser, wurden aber plötzlich von einer starken Strömung aufs weite Meer hinausgetrieben. Der Pfarrer erkannte sofort die gefährliche Lage, sprang mitsamt seiner Robe ins Wasser und holte sieben Kinder einzeln zurück an den Strand. Die restlichen Kinder konnten sich selbst retten. Für den wagemutigen und selbstlosen Helfer war diese ganze Rettungsaktion dennoch zu viel. Er starb kurz danach an Erschöpfung.

«Der Liebe ist nichts zu schwer, denn Opfer sind ihr Lebenselement», stellt Basilea Schlink fest. Und Clemens

[52] Surftipp zum Thema: www.revolution-one.ch/index.php/D/article/218/9466/

von Brentano ergänzt: «Die Liebe allein versteht das Geheimnis, andere zu beschenken und dabei selbst reich zu werden.»

Charaktereigenschaft Nr. 13: Gerechtigkeit

In seiner Bergpredigt sagte Jesus die ermutigenden Worte: «Freuen dürfen sich alle, die danach hungern und dürsten, dass sich auf der Erde Gottes gerechter Wille durchsetzt – Gott wird ihren Hunger stillen.»[53] Unsere Welt schreit nach Gerechtigkeit. Menschen, die Jesus lieben, haben die Möglichkeit, diese Welt gerechter werden zu lassen. Derjenige, der Jesus liebt, hält auch seine Gebote. Er führt ein moralisch einwandfreies Leben, schließt keine skrupellosen Geschäfte ab, bezahlt dem Staat treu seine Steuern, raubt niemals eine Bank aus, betrinkt und bekifft sich nicht und fällt somit auch nicht als Gestrandeter der sozialen Fürsorge zur Last. Ein Lebensstil, der von Gerechtigkeit geprägt ist, kennt weder Lügen noch Intrigen und ist auch nicht von Eigennutz geprägt.

Gerechtigkeit findet auch dort statt, wo wir unser Leben mit den anderen teilen. «Wenn jemand betet: ‚Gott, sättige Du die Hungernden', dann halte ich das für unmöglich. Der will ja gar nichts abgeben von seinem Reichtum oder etwas tun für die Armen. Der will auch nicht den

[53] Matthäus 5,6.

Weltmarkt so verändern, dass die Unterprivilegierten etwas für ihre Produkte bekommen, was gerecht wäre. Nein, er will keine Gerechtigkeit. Statt Gott will er einen Papa, der da oben Ordnung hält. Das ist ein kindisches Christentum», meint die deutsche Theologin Dorothee Sölle. Und der brasilianische Berufskollege Dom Hélder Câmara ergänzt: «Euer Friede ist faul und erlogen, wenn er auf Ungerechtigkeit beruht, wenn er direkt oder indirekt irgendwo in der Welt Menschen – übrigens Menschen wie ihr – unterdrückt oder erdrückt.»

Soziale Gerechtigkeit gibt es dort, wo wir das umsetzen, was Gott schon vor langer Zeit geboten hat: «Gebt den Hungrigen zu essen, nehmt Obdachlose in euer Haus, kleidet den, der nichts anzuziehen hat, und helft allen in eurem Volk, die Hilfe brauchen. Dann strahlt euer Glück auf wie die Sonne am Morgen, und eure Wunden heilen schnell; eure guten Taten gehen euch voran, und meine Herrlichkeit folgt euch als starker Schutz.»[54]

Charaktereigenschaft Nr. 14: Selbstbeherrschung

Für Johann Gottlieb Fichte ist «die Wurzel aller Sittlichkeit die Selbstbeherrschung». Und Marie von Ebner-Eschenbach ergänzt: «So weit deine Selbstbeherrschung geht, so weit geht deine Freiheit.» In verschiedenen

[54] Jesaja 58,7–8.

Bibelübersetzungen werden anstelle des Wortes Selbstbeherrschung auch Begriffe wie Keuschheit (Luther 1984), Selbstzucht (Konkordantes Neues Testament), Enthaltsamkeit (Elberfelder 1971), Beständigkeit und Festigkeit (Hermann Menge) wiedergegeben. Konkret: Ein Mensch, der Jesus liebt, lässt sich nicht von seinen Trieben und Gefühlen leiten. In ein- und dieselbe Kategorie fällt auch die …

Charaktereigenschaft Nr. 15: Verzicht auf Gewalt in jeder Form

Selbstbeherrschung und Verzicht auf Gewalt gehören zusammen. Jesus selber wandte nie Härte an. Sein Wesen war vielmehr von Sanftmut geprägt. In der Bergpredigt lehrte er: «Freuen dürfen sich alle, die unterdrückt sind und auf Gewalt verzichten – Gott wird ihnen die Erde zum Besitz geben.»[55]

Gewalt in jeder Form ist immer der falsche Weg, denn – so sagt es ein arabisches Sprichwort – «das Schwert beugt den Nacken, nur die Liebe gewinnt die Herzen». Gewalt erzeugt immer wieder neue Gewalt. Der polnische Schriftsteller und Aphoristiker Stanislaw Jerzy Lec (1909 bis 1966) war der Überzeugung, dass man «das Lied der Freiheit niemals auf dem Instrument der Gewalt spielen

55 Matthäus 5,5.

kann». Einer der größten Verfechter der Friedfertigkeit war der russische Schriftsteller Alexander Solschenizyn. Obwohl er selber immer wieder viele Gewalttätigkeiten über sich ergehen lassen musste,[56] war es sein grundsätzliches Anliegen, den gewaltlosen Kampf zu fördern. «Jeder, der Gewalt zu seiner Methode gemacht hat, muss zwangsläufig die Lüge zu seinem Prinzip erwählen», ist eines seiner markanten diesbezüglichen Zitate. Summa summarum: Wer gegen den Drachen kämpft, sehe zu, dass er nicht selbst zum Drachen wird.

Charaktereigenschaft Nr. 16: Vergebungsbereitschaft

Den Mitmenschen das vergeben zu können, was sie einem angetan haben, das ist etwas vom Größten. «In der Verzeihung des Unverzeihlichen ist der Mensch der göttlichen Liebe am nächsten», schrieb damals die deutsche Schriftstellerin Gertrud Freiin von Le Fort. Für Jesus selber war die Vergebung immer ein zentrales Thema. Er ging sogar so weit, dass er lehrte, dass wir nur dann göttliche Vergebung bekommen, wenn wir auch bereit sind, unseren Mitmenschen zu vergeben. In der noch heute oft zitierten Bergpredigt sagte er: «Wenn ihr den anderen verzeiht, was sie euch angetan haben, dann wird auch euer Vater im Himmel euch eure Schuld vergeben. Wenn

[56] Seine diesbezüglichen Erlebnisse hat Solschenizyn in seinem Bestseller «Der Archipel Gulag» niedergeschrieben.

ihr aber den anderen nicht verzeiht, dann wird euer Vater euch eure Verfehlungen auch nicht vergeben.»[57]

Echte Vergebungsbereitschaft führt uns dazu, den ersten Schritt zum anderen hin zu wagen. «Hass sucht Streit, Liebe sucht Verständigung», lehrte damals der weise Salomo. Die Liebe, so wie Jesus sie uns vorgelebt hat, zeigt sich besonders dort, wo wir vergeben. Petrus, einer der ersten Apostel, forderte auf: «Vor allem lasst nicht nach in der Liebe zueinander. Denn die Liebe macht viele Sünden wieder gut.»[58]

Charaktereigenschaft Nr. 17: Leidensbereitschaft

Leidenschaftlich werden wir nur durch Leiden. Dies gilt vor allem dort, wo es unserem tiefsten Herzenswunsch entspricht, andere Menschen mit der Liebe von Jesus zu beschenken. Es ist jedoch gerade die Leidenschaft, die Leiden schafft. Wir werden von unseren Mitmenschen nicht immer verstanden, wenn wir uns für Jesus outen. «Der allein besteht das Leben, der gelernt hat zu leiden», sagte der indische Politiker Mahatma Gandhi. «Christen haben somit keine Verheißung, dass sie wegen ihres Glaubens vom Leiden weniger hart angefasst werden» (Karl Albietz). «Gerade deshalb, weil Gott uns liebt, macht er

57 Matthäus 6,14-15.
58 1. Petrus 4,8.

den Menschen das Leiden zum Geschenk», war der englische Schriftsteller Clive Staples Lewis überzeugt. «Oder um es anders zu sagen: Schmerz ist Gottes Megaphon, mit dem er die taube Welt aufrüttelt. Verstehen Sie, wir sind wie Blöcke aus Stein, denen der Bildhauer mühsam menschliche Formen gibt. Die Schläge seines Meißels, die uns so sehr schmerzen, sind es, was uns vollkommen macht.» In diesem Sinne ergänzt der ehemalige Märtyrer Richard Wurmbrand: «Ich habe keine Ahnung, warum ich so viel leiden muss. Was ich aber weiß, ist, dass Gott entschlossen ist, aus dir und mir Meisterstücke zu machen.»

Unsere innere Haltung ist entscheidend. «Durch Klagen nehmt ihr dem Leid den Segen», lautet ein russisches Sprichwort. Es führt zu nichts, wenn wir uns gegen das unvermeidbare Leid auflehnen. Die Haltung, die Jesus dem Leiden gegenüber hatte, dürfte viele Leser erstaunen: «Freuen dürfen sich alle, die unter dieser heillosen Welt leiden – Gott wird ihrem Leid ein Ende machen», lehrte er. «Freuen dürfen sich alle, die verfolgt werden, weil sie tun, was Gott will – mit Gott werden sie leben in seiner neuen Welt. Freuen dürft ihr euch, wenn sie euch beschimpfen und verfolgen und verleumden, weil ihr zu mir gehört. Freut euch und jubelt, denn bei Gott erwartet euch reicher Lohn.»[59] – «Wenn ihr also leiden müsst, dann will euch Gott erziehen. Es zeigt, dass ihr wirklich

[59] Matthäus 5,4 und 5,11–12.

seine Kinder seid.»[60] Gott hilft uns nicht immer am Leiden vorbei, aber er hilft uns hindurch.

Abschließend zu diesem Thema noch ein Statement von Hanspeter Nüesch: «Es fällt auf, dass es für Gott etwas Wertvolleres gibt als ein Leben ohne Leid, Schmerzen und Probleme; nämlich ein Leben, das im vollen Vertrauen in seine Macht und Liebe gegründet ist; das nicht auf eigene menschliche Stärke, sondern auf Gottes Stärke baut. Und da unsere menschliche Stärke dem Empfangen von Gottes Gegenwart und Kraft leider oft im Weg ist, lässt Gott Schwäche und Leid zu, damit wir uns ganz nach ihm als unserem Vater ausstrecken und uns von ihm verändern lassen.»

Charaktereigenschaft Nr. 18: Feindesliebe

Lieben wie Jesus ist nur dann möglich, wenn wir auch berücksichtigen, dass die Feindesliebe dabei eine wesentliche Rolle spielt. Wer nur diejenigen liebt, die ihm wohl gesinnt sind, liegt daneben. «Wie könnt ihr von Gott eine Belohnung erwarten, wenn ihr nur die liebt, die euch auch lieben? Sogar Betrüger lieben ihresgleichen», lehrte Jesus.[61]

[60] Hebräer 12,7 nach «Hoffnung für alle».
[61] Matthäus 5,46.

Es ist überhaupt nicht schwierig, Menschen zu lieben, die wir sympathisch finden. Jesus aber lehrte etwas ganz anderes: «Euch, die ihr mir zuhört, sage ich: Liebt eure Feinde; tut denen Gutes, die euch hassen; segnet die, die euch verfluchen, und betet für alle, die euch schlecht behandeln. Wenn dich jemand auf die Backe schlägt, dann halte ihm auch die andere Backe hin. Wenn dir jemand den Mantel wegnimmt, dann gib ihm noch das Hemd dazu. Wenn jemand dich um etwas bittet, dann gib es ihm; und wenn jemand dir etwas wegnimmt, dann fordere es nicht zurück. Behandelt die Menschen so, wie ihr selbst von ihnen behandelt sein wollt. Warum erwartet ihr von Gott eine Belohnung, wenn ihr nur die liebt, die euch auch lieben? Das tun sogar die Menschen, die nicht nach dem Willen Gottes fragen. Warum erwartet ihr von Gott eine Belohnung, wenn ihr nur die gut behandelt, die euch gut behandeln. Das tun auch die hartgesottensten Sünder. Warum erwartet ihr von Gott eine Belohnung, wenn ihr nur denen etwas leiht, von denen ihr wisst, dass sie es euch zurückgeben werden? Ausleihen, um es auf Heller und Pfennig zurückzubekommen, das tun auch die Sünder gegenüber ihresgleichen! Nein, eure Feinde sollt ihr lieben! Tut Gutes und leiht, ohne etwas zurückzuerwarten! Dann bekommt ihr reichen Lohn: Ihr werdet zu Kindern des Höchsten. Denn auch er ist gut zu den undankbaren und schlechten Menschen. Werdet barmherzig, so wie euer Vater barmherzig ist!»[62]

---

[62] Lukas 6,27–36.

Der amerikanische Bürgerrechtler Martin Luther King war ein klarer Verfechter der christlichen Botschaft. «Das Gebot der Feindesliebe ist eine absolute Notwendigkeit, wenn wir überleben wollen. Liebe gegenüber dem Feind ist der Schlüssel zur Lösung der Probleme unserer Welt», war er überzeugt. Und der deutsche Theologe Dietrich Bonhoeffer, der seinerzeit von den Nazis umgebracht worden ist, meinte: «Nicht danach soll die Liebe fragen, ob sie erwidert wird, vielmehr sucht sie den, der ihrer bedarf. Wer aber ist der Liebe bedürftiger als der, der selbst ohne alle Liebe im Hass lebt? Wer also ist der Liebe würdiger als mein Feind? Wo wird die Liebe herrlicher gepriesen als mitten unter ihren Feinden?»

Göttliche Liebe wird dort vor allem sichtbar, wo wir die Liebe auch an diejenigen weitergeben, die sie unserer Ansicht nach gar nicht verdient haben. «Die Bibel gebietet uns, unsere Nächsten zu lieben und unsere Feinde zu lieben; wahrscheinlich deshalb, weil es in der Regel dieselben Leute sind», hält Gilbert Keith Chesterton treffend fest.

Niemals werden wir das Gebot der Feindesliebe aus uns selber heraus – einfach weil wir meinen, gut zu sein – befolgen können. Die Feindesliebe steht in Konkurrenz zu unserer Vernunft. Dennoch ist sie ein zentraler Bestandteil der christlichen Verkündigung. Ohne sie ist es unmöglich, so wie Jesus lieben zu können.

Charaktereigenschaft Nr. 19: dienender Gehorsam und Güte

Echter Gehorsam zeigt sich, indem wir Jesus und seinen Geboten gegenüber eine dienende Haltung einnehmen. Nur wer dient, ist wirklich gehorsam. Es geht darum, dass wir auch Verantwortung übernehmen. Jesus sagte: «So wie der Vater mich liebt, habe ich euch meine Liebe erwiesen. Bleibt in dieser Liebe! Wenn ihr meine Gebote befolgt, dann bleibt ihr in meiner Liebe, so wie ich die Gebote meines Vaters befolgt habe und in seiner Liebe bleibe.»[63] Seine Gebote wiederum sind im so genannten Missionsbefehl aufgezeichnet. «Geht nun zu allen Völkern der Welt und macht die Menschen zu meinen Jüngern und Jüngerinnen! Tauft sie im Namen des Vaters und des Sohnes und des Heiligen Geistes und lehrt sie, alles zu befolgen, was ich euch aufgetragen habe. Und das sollt ihr wissen: Ich bin immer bei euch, jeden Tag bis zum Ende der Welt.»[64]

«Dienende Liebe ist eine ungeheure Kraft, und ihresgleichen gibt es nicht», war der russische Schriftsteller Fjodor Michailowitsch Dostojewski überzeugt. Echter Glaube und echter Gehorsam werden nur durch eine solche Form von Liebe in uns geweckt.

63 Johannes 15,9–10.
64 Matthäus 28,19–20.

Eine Person, die in Form ihrer Güte Weltgeschichte schrieb, war mit Bestimmtheit Mutter Teresa. Ihr ganzes Leben war von einer dienenden Haltung geprägt. Das Wohl ihrer Mitmenschen stand bei ihr in jeder Hinsicht im Zentrum. Eigensüchtiges, profitorientiertes Denken war ihr ebenso fremd wie die ganze materielle Gesinnung, die heute viele von uns prägt. Hätten wir mehr solcher Menschen auf unserer Erde, die ganze Menschheit würde dadurch eine enorme Bereicherung erfahren.

Charaktereigenschaft Nr. 20: Erwartungshaltung

Das Gegenteil von Resignation finden wir dort, wo unser Leben von einer erwartenden Haltung gekennzeichnet ist. Mag unsere Welt oftmals noch so destruktiv sein – wer so lieben will wie Jesus, der verbreitet Hoffnung. Er setzt seine vertrauensvollen Erwartungen ganz auf Gott. «Freuen dürfen sich alle, die nur noch von Gott etwas erwarten – mit Gott leben sie in seiner neuen Welt», sagte Jesus in der Bergpredigt. Destruktive oder gar selbstzerstörerische Gedanken haben dort, wo wir in dieser Haltung leben, keine Chance.

Die Zeit ist jetzt reif, um von Gott etwas Großes zu erwarten. Es geht jetzt darum, alles auf eine Karte zu setzen. Wir leben möglicherweise in der interessantesten Epoche der Weltgeschichte. Gott möchte auch Ihr

Leben dazu benutzen, um Geschichte zu schreiben. Mehr darüber im letzten Kapitel dieses Buches.

Start in eine neue Bewegung

Jesus Christus hat alles gegeben, um uns wie ein Lebensretter aus einem brennenden Haus zu retten. Bei dieser Rettungsaktion hat er sein eigenes Leben verloren. Damit hat er den Plan, den Gott, der Vater, über seinem Leben hatte, erfüllt. Die Bibel sagt: «Gott liebte die Menschen so sehr, dass er seinen einzigen Sohn hergab. Nun wird jeder, der sein Vertrauen auf den Sohn Gottes setzt, nicht zugrunde gehen, sondern ewig leben.»[65] Aus Liebe hat Jesus gelitten und einen unendlich hohen Preis bezahlt. Wie lieb muss er uns doch haben, dass er bereit war, für Sie und mich zu sterben. «Christus starb für uns, als wir noch Gottes Feinde waren. Damit hat Gott uns gezeigt, wie sehr er uns liebt.»[66]

Aus reiner Liebe ließ Gott seinen Sohn Jesus für uns an einem rauen Kreuz sterben. Es war seine Bestimmung, unsere Schuld, die Sünde, die uns von Gott trennt, auf sich zu nehmen. Das ist eine Botschaft, die wir nur dann wirklich erfassen können, wenn unsere Herzen aufrichtig

65 Johannes 3,16.
66 Römer 5,8.

nach der Wahrheit fragen. Rund siebenhundert Jahre, bevor Jesus Christus auf dem Hügel Golgatha an einem Kreuz starb, trat der Prophet Jesaja auf. Eines Tages gab ihm der Herr eine ganz spezielle Botschaft, die er mit den folgenden Worten niederschrieb:

Beispiel 15

Wer hätte geglaubt, was uns da berichtet wurde? Wer hätte es für möglich gehalten, dass die Macht des Herrn sich auf solche Weise offenbaren würde? Denn sein Beauftragter wuchs auf wie ein kümmerlicher Spross aus dürrem Boden. So wollte es der Herr. Er war weder schön noch stattlich, wir fanden nichts Anziehendes an ihm. Alle verachteten und mieden ihn; denn er war von Schmerzen und Krankheit gezeichnet. Voller Abscheu wandten wir uns von ihm ab. Wir rechneten nicht mehr mit ihm.

In Wahrheit aber hat er die Krankheiten auf sich genommen, die für uns bestimmt waren, und die Schmerzen erlitten, die wir verdient hatten. Wir meinten, Gott habe ihn gestraft und geschlagen; doch wegen unserer Schuld wurde er gequält und wegen unseres Ungehorsams geschlagen. Die Strafe für unsere Schuld traf ihn, und wir sind gerettet. Er wurde verwundet, und wir sind heil geworden. Wir alle waren wie Schafe, die sich

> verlaufen haben; jeder ging seinen eigenen Weg. Ihm aber hat der Herr unsere ganze Schuld aufgeladen.
>
> Er wurde misshandelt, aber er trug es, ohne zu klagen. Wie ein Lamm, wenn es zum Schlachten geführt wird, wie ein Schaf, wenn es geschoren wird, duldete er alles schweigend, ohne zu klagen. Er wurde verhaftet, verurteilt und hingerichtet, und keiner hat sich darum gekümmert. Und doch wurde er wegen der Schuld seines Volkes getötet.[67]

Wenn man diese Worte liest, die Jesaja viele Jahre, bevor Jesus überhaupt auf diese Welt kam, prophezeite, so kann man über die Genauigkeit, mit der sie sich erfüllten, nur staunen. Dort, wo wir mit ehrlichem und aufrichtigem Herzen diese Botschaft glauben, wird unser Leben täglich von der Kraft Gottes geprägt. Denn «das Leben, das Gott uns schenkt, erneuert sich jeden Tag».[68]

Wer an die göttliche Liebe glaubt, für den gilt auch die folgende Zusage, die Jesus selber gemacht hat: «Ich liebe euch so, wie der Vater mich liebt.»[69] Wir sind, wenn wir glauben, dass Jesus Christus unser Erlöser ist, Gottes Söhne und Töchter, und Jesus ist unser ältester Bruder und Freund.

---

67 Jesaja 53,1–8.
68 2. Korinther 4,16.
69 Johannes 15,9.

Wie können wir diese Liebe voll in Empfang nehmen?

Beispiel 16

Ein Pharisäer hatte Jesus zum Essen eingeladen. Jesus ging in sein Haus, und sie legten sich zu Tisch. In derselben Stadt lebte eine Frau, die für ihr ausschweifendes Leben bekannt war. Als sie hörte, dass Jesus bei dem Pharisäer eingeladen war, kam sie mit einem Fläschchen voll kostbarem Salböl. Weinend trat sie von hinten an Jesus heran, und ihre Tränen fielen auf seine Füße. Da trocknete sie ihm mit ihren Haaren die Füße ab, küsste sie und goss das Öl über sie aus.

Als der Pharisäer, der Jesus eingeladen hatte, das sah, sagte er sich: «Wenn dieser Mann wirklich ein Prophet wäre, wüsste er, was für eine das ist, von der er sich anfassen lässt! Er müsste wissen, dass sie eine Prostituierte ist.» Da sprach Jesus ihn an: «Simon, ich muss dir etwas sagen!» Simon sagte: «Lehrer, bitte sprich!»

Jesus begann: «Zwei Männer hatten Schulden bei einem Geldverleiher, der eine schuldete ihm fünfhundert Silberstücke, der andere fünfzig. Weil keiner von ihnen zahlen konnte, erließ er beiden ihre Schulden. Welcher von ihnen wird wohl dankbarer sein?» Simon antwortete: «Ich nehme an, der Mann, der ihm mehr geschuldet hat.»

«Du hast recht», sagte Jesus. Dann wies er auf die Frau und sagte zu Simon: «Sieh diese Frau an! Ich kam in dein Haus, und du hast mir kein Wasser für die Füße gereicht; sie aber hat mir die Füße mit Tränen gewaschen und mit ihren Haaren abgetrocknet. Du gabst mir keinen Kuss zur Begrüßung, sie aber hat nicht aufgehört, mir die Füße zu küssen, seit ich hier bin. Du hast meinen Kopf nicht mit Öl gesalbt, sie aber hat mir die Füße mit kostbarem Öl übergossen. Darum versichere ich dir: Ihre große Schuld ist ihr vergeben worden. Das zeigt sich an der Liebe, die sie mir erwiesen hat. Wem wenig vergeben wird, der liebt auch nur wenig.»

Dann sagte Jesus zu der Frau: «Deine Schuld ist dir vergeben!» Die anderen Gäste fragten einander: «Was ist das für ein Mensch, dass er sogar Sünden vergibt?» Jesus aber sagte zu der Frau: «Dein Vertrauen hat dich gerettet. Geh in Frieden!»[70]

Wenn wir wissen wollen, wie wir die göttliche Liebe in unserem Leben empfangen und erfahren können, so

[70] Lukas 7,36–50.

liefert uns diese Geschichte aus der Bibel einige ganz interessante Anhaltspunkte. Zuerst einmal wollen wir festhalten, dass Simon, der vermeintlich rechtschaffene und fromme Pharisäer, innerhalb dieser Geschichte wohl kaum zu denen zählt, die als verständig gelten. Pharisäer (wörtlich: Abgesonderte) verpflichteten sich zwar, die damaligen Vorschriften über den Zehnten und die Reinheitsvorschriften genaustens einzuhalten. Überhaupt waren sie Spezialisten, wenn es um die Frage ging, wie man ein anständiges und korrektes Leben nach dem Gesetz zu führen hatte. Entsprechend groß war denn auch ihr Einfluss im Volk. Doch all dies zählte angesichts dessen, was Jesus sagte, rein gar nichts. Denn bei dieser Geschichte geht es um etwas ganz anderes.

Die Prostituierte, die plötzlich und völlig unvorhergesehen auf den Plan trat, war alles andere als eine Person, die man zur damaligen Zeit als Vorbild zitiert hätte. Die Reaktion des Pharisäers fiel denn auch entsprechend aus. Doch Simon hatte eines nicht begriffen: Hier ging es um Liebe und nicht um das sture Befolgen gewisser Regeln.

Es spielt letztlich bei Jesus keine Rolle, wer oder was wir sind. Unsere Vergangenheit, und sei sie noch so schlimm und tragisch, ist in keiner Weise maßgebend, wenn es darum geht, die göttliche Liebe empfangen zu können. Wir müssen nur bereit sein, uns beschenken zu lassen.

Trotz unserer Liebesbedürftigkeit sind wir letztlich völlig unfähig, aus uns selbst heraus lieben zu können. Anders lässt sich das Verhalten des Pharisäers Simon gar nicht erklären. Wir können wahre Liebe aber nur dann weitergeben, wenn wir zuerst selber Liebe bekommen haben.

Jesus möchte, dass wir jeden Tag in seiner Liebe bleiben und sie erfahren. Er wünscht sich auch, dass seine Freude in uns zunimmt und vollkommen wird. Jesus hat ganz große Ziele mit uns. Zurzeit ist weltweit eine neue Bewegung im Anmarsch. Gott ist nun dabei, eine ganz neue Armee zu rekrutieren, mit der er in noch nie gekannter Weise Geschichte schreiben will. Zu dieser Basisbewegung, die in den nächsten Jahren noch weltweit zu reden geben wird, können auch Sie gehören. So wie Gott Jesus gesandt hat, so sendet er heute auch uns. Er hat uns den Befehl erteilt, Kranke zu heilen, Dämonen auszutreiben und sogar Tote aufzuerwecken.

Zusammen mit Urs-Heinz Naegeli gehe ich im Buch «Du bist Gottes Stellvertreter auf Erden»[71] gründlich darauf ein, wie ermutigend und herausfordernd es sein kann, wenn wir uns von Gott gebrauchen lassen. Dabei zeigen wir auch auf, welche gewaltigen Vollmachten und Verheißungen Gott denen gegeben hat, die bereit sind, seinen Willen in die Tat umzusetzen. Wenn wir eine biblische Wiedergeburt erlebt haben, dann gilt die Garan-

71 Siehe Werbung im Anhang.

tie, dass das Göttliche, das in unserem Leben begonnen wurde, auch zur entsprechenden Vollendung gebracht wird. «Ich bin ganz sicher: Gott wird sein Werk, das er bei euch angefangen hat, auch vollenden, bis zu dem Tag, an dem Jesus Christus kommt.»[72]

[72] Philipper 1,6.

Informationen über Pfarrer Daniel Hari

Im Internet

Unter www.omegalive.ch sind regelmäßig die aktuellsten News über seine Seminar- und Vortragstätigkeiten abrufbar.

Kostenloser monatlicher Rundbrief

Wer keinen Internetanschluss besitzt und dennoch aktuell über die ermutigenden Aktivitäten von Pfr. Daniel Hari informiert werden will respektive ihn und seine Arbeit allenfalls sogar finanziell unterstützen möchte (keine Verpflichtung!), der darf gerne bei folgender Adresse den kostenlosen monatlichen Rundbrief anfordern: Omegalive.ch, Pfr. Daniel Hari, CH-6043 Adligenswil.

Info-Telefon

Über die Nummer 0041 (0)79 712 98 92 sind ebenfalls Informationen über Pfr. Daniel Hari und seine Dienste erhältlich.

Wir als Verleger der Bücher von Pfr. Daniel Hari wünschen Ihnen viel Glück und Segen nach Geist, Seele und Leib!

Verlag Urs-Heinz Naegeli, CH-7220 Schiers

Du bist Gottes Stellvertreter auf Erden

Daniel Hari und Urs-Heinz Naegeli

Es ist an der Zeit, dass die wahren Jünger Jesu, die wirklichen Stellvertreter Gottes auf Erden, aufstehen! Denn die Felder sind jetzt reif zur Ernte. Die Vollmacht, Kranke zu heilen, Dämonen auszutreiben und Tote aufzuerwecken, ist uns bereits gegeben. Wir brauchen nicht mehr länger auf die Stunde X zu warten, in der Gott uns eine Erweckung schenkt.

Die Zeit ist jetzt reif für einen neuen Aufstand. Schluss mit falscher Bescheidenheit und Zurückhaltung, die sich oft unter dem Deckmäntelchen christlicher Frömmigkeit zu präsentieren versucht! Schluss mit einem Christentum, dass mehr aus institutionell erstarrten Traditionen und Lehren, statt aus von Gott gegebener Vollmacht besteht! Wer dieses Buch mit einem aufrichtigen Herzen sowie mit einem wachen Geist liest, wird anschließend nicht mehr derselbe sein.

Die Autoren haben keine geringere Absicht, als eine neue Bewegung in den einzelnen Herzen hervorzurufen. Eine Bewegung, die in keiner Weise etwas mit dem versteinerten und ausgetrockneten Glauben zu tun hat, dem wir heute in fast allen Kirchen und Gemeinden begegnen.

ISBN 907104-16-1

Heilen wie Jesus

Einführung ins Christozentrische Heilen

Daniel Hari

Heilen wie Jesus ist mehr als ein Buch. Es ist eine Pflichtlektüre für jeden, der die göttlichen Heilkräfte wirksam einsetzen will.

Nicht nur esoterisch Interessierte profitieren von den fachlich kompetenten Ausführungen in diesem Buch. Auch die traditionelle Christenheit wird durch die selbstkritischen Aussagen des Autors zu neuem Nachdenken über die Wirksamkeit der heilenden Kräfte und Lebensenergien von Jesus Christus herausgefordert. Darüber hinaus bietet dieses Buch einige ganz praktische Anleitungen, um die Wirksamkeit sowie die damit verbundenen Heilerfolge effizient steigern zu können. Zahlreiche wertvolle selbsterlebte Beispiele und Erfahrungen aus der Praxis runden dieses leicht verständliche und gut lesbare Werk ab.

Der christozentrische Heiler und Pfarrer Daniel Hari ist ein bekannter Seminar-Referent und Vortragsredner im deutschen Sprachraum. Er ist verheiratet, Vater von vier Kindern, und lebt mit seiner Familie in der Zentralschweiz.

ISBN 3-907104-00-5

Liebe für Ungeliebte

Über die Möglichkeit, unmögliche Menschen zu lieben

Fred Grob

Wer liebt denn schon Terroristen, Diebe, Betrüger oder gar Kinderschänder? – Fred Grob, seines Zeichens Diakon, besucht seit über zwanzig Jahren Menschen in Gefängnissen, psychiatrischen Kliniken und auf der Gasse. Seine Liebe gilt den Gestrandeten, denen, die von der «guten Gesellschaft» abgeschrieben wurden.

Die einzelnen Begebenheiten, die der Autor in diesem Buch schildert, berühren das Herz. Sie sind ein Beweis dafür, wie selbstlose und uneigennützige Liebe einzelne Menschleben zu verändern vermag. Niemand kann dieses Buch lesen, ohne neu oder gar erstmalig mit einer Liebe für die Versager konfrontiert zu werden.

Ergänzt durch treffende und originelle Karikaturen des Autors!

Fred Grob, Jahrgang 1948, von Beruf Schriftsetzer, erlebte selber einige Abstürze, bevor er sich dazu entschloss, sein Leben in den Dienst der Diakonie zu stellen. Er ist verheiratet mit Marianne und lebt in Baden AG / Schweiz.

ISBN 3-907104-04-8